内省の技術

反思，
向前一步的
工作方法

[日]熊平美香——著

屠科峰——译

山东友谊出版社·济南
Shandong Friendship Publishing House

图书在版编目（CIP）数据

反思，向前一步的工作方法 / （日）熊平美香著 ；
屠科峰译 . -- 济南 ： 山东友谊出版社， 2022.2
　　ISBN 978-7-5516-2491-6

　　Ⅰ . ①反… Ⅱ . ①熊… ②屠… Ⅲ . ①工作方法－通
俗读物 Ⅳ . ① B026-49

中国版本图书馆 CIP 数据核字（2022）第 027362 号

リフレクション(REFLECTION) 自分とチームの成長を加速させる内省の技
術（熊平美香）
REFLECTION:JIBUNTO　CHIMUNO　SEICHOWO　KASOKUSASERU
NAISEINO GIJUTSU
Copyright 2021 by MIKA KUMAHIRA
Illustrations 2021 by YUSHI KOBAYASHI
Original Japanese edition published by Discover 21, Inc., Tokyo, Japan
Simplified Chinese edition is published by arrangement with Discover 21, Inc.
Arranged through Inbooker Cultural Development (Beijing) Co., Ltd.

图字：15-2022-12号

# 反思，向前一步的工作方法

FANSI XIANGQIAN YIBU DE GONGZUO FANGFA

责任编辑：肖静 张梦晗
装帧设计：卓义云天

主管单位：山东出版传媒股份有限公司
出版发行：山东友谊出版社
　　　　　地址：济南市英雄山路 189 号　邮政编码：250002
　　　　　电话：出版管理部（0531）82098756
　　　　　　　　发行综合部（0531）82705187
　　　　　网址：www.sdyouyi.com.cn
印　　刷：济南乾丰云印刷科技有限公司

开本：889mm×1194mm　1/32
印张：8.5　　　　　　　字数：210 千字
版次：2022 年 2 月第 1 版　印次：2022 年 2 月第 1 次印刷
定价：59.80 元

# 写在前面

"市场规模缩小了，但业绩目标却提高了。"

"某项工作必须和其他岗位合作，但交流时却有理解上的偏差。"

"很担心下属的干劲儿，却没时间培养他们。"

作为团队的领导者，你经常会被各种问题所包围。那么你是否遇到过这样的情况：为了解决这些问题，你导入了系统思考、设计思考等五花八门的工具，但这些工具用起来，却并没有想象中那么简单。于是，问题仍然堆积如山，你感觉自己被它们牵着鼻子走，非常被动。

其实，这种情况下，你所缺少的既不是新的知识，也不是优秀的团队成员。

而是"审视自己"。

刚才我举的几个问题解决工具，如果用电脑打比方的话，不过是电脑上的应用罢了。不管应用的版本再怎么更新，如果人的"操作系统"（学习能力）版本太旧，没有跟上的话，应用也无法完全发挥其性能。因此，为了安装并正常使用最新的应用，人的操作系统也需要不断升级。

于是，为了升级人们的"操作系统"，由我担任代表理事的21世纪学习研究所，成立了"OS21"项目，旨在培养能够为了实现自己设定的目标而持续学习的"自律型人才"。

在这一过程中，我们最重视的，就是"反思"与"对话"，以及提高两者质量的"元认知"。为了让反思成为每个人理所当然的习惯，我将在本书中对反思的实践方法进行说明。

Reflection，指客观地、批判地回顾自身内在面的行为。汉字的"反思"与其在语义上最为接近。

反思这一行为，最早可以追溯到古希腊哲学家苏格拉底与柏拉图的时代。到了 20 世纪末，越来越多的人开始重视反思在人才培养方面的巨大作用，并将其称为一项"能够创造未来的能力"在世界各地推广应用。日本经济产业省提出的"人生 100 年时代[1]，社会人应具备的基础能力"中，也将反思作为学习其他所有技能的前提能力着重强调。

但是，各位对于"回顾""反思"等词汇印的象如何呢？我想，大家或许会联想到"反省进展不顺的事""事后追责"之类的多少有些负面的事情。

但实际上，反思的目的，是从各种各样的经历中汲取有益的经验，并在今后的生活中加以运用。不管是怎样的经历，其中都蕴藏着大量的"智慧"。客观审视每段经历，从中学到全新的东西，并将其应用到将来的决策与行动中。这就是反思。

在本书中，我将向各位介绍以下几种反思的基本方法。

---

1 译者注：这一说法最初由英国学者琳达·格拉顿等人提出。指当今世界人类平均寿命越来越长，预计在 21 世纪出生的孩子，每两人中就有一人将活到 100 岁。因此，有必要针对这一变化，对人生做出不同以往的规划。

- **认识你自己**
- **建立愿景**
- **从过往经历中学习**
- **从多元的世界中学习**
- **逆学习（抛弃已习得的经验）**

在工作生活中应用这些基本方法，不仅能促进我们自身的成长，还能加深对他人的理解，进而带动对方的成长，最终培养我们的凝聚团队的领导力。

正因如此，本书将向各位团队领导者们介绍如何在工作中活用反思的力量。

这些年来，我活跃于商界和教育界，致力于"让任何人都能发挥潜力，以自己的方式一展身手"，探求人才培养的各种可能性，并使其能为个人与组织所用。

我曾经遇到过一些人，他们在思考问题的时候，只以过去的成功经历为前提，与这样的人对话，很难讨论出具有建设性的成果，有时甚至会让我有危机感。维持现状本身就是一种倒退，而如果不进行反思，只基于过去的成功经历思考问题的话，不管是要畅想未来，还是要取得长足进步，都会非常困难。

为了让每个人都能在这个日益多元化的社会中发挥自己的能力，我衷心希望越来越多的人都能养成反思的习惯。

# 前进过程中不进行回顾，
# 可能造成的两大风险

　　许多优秀的团队领导者和商界人士，都容易执着于结果的产出。虽然他们很清楚，应该将自己的知识转化为文字，分享给团队成员，但其他需要优先解决的问题却总是无穷无尽，于是他们只能先自己动手处理这些事，不知不觉，就把总结经验这件事给搁置了……这样的情况，想必很多读者都似曾相识吧。

　　好不容易积累了这么多傲人的成绩，如果不能向别人解释清楚"我为什么能产出这些成果"，就会造成两种风险。这两种风险不仅会影响组织，也会影响你个人。

## 风险 1　无法向他人传授经验，导致进步和成长的停滞

　　如果无法说明自己为什么能产出成果，也就不能把自己在各种经历中学到的窍门、智慧传授给他人，那么你就会陷入永远只能自己动手做事的窘境。这样的话，你虽然会一直做一个"优秀的人"，却永远无法遇到新的挑战，获得新的成长；也会因为工作量过大，而永远无法专心于管理工作。

　　美国通用电气公司（以下简称 GE）一直致力于建设"学习型组织"，该公司的管理层的工作就是"让部下尽早毕业"。在 GE，让部下连续3 年做同样工作的管理者会被评价为不具备培养人才的能力。而这种评

价方式的背后，是"人只有置身于能挑战新事物的环境下才会不断成长"这一企业理念。

自己的职业生涯，是要靠自己去开拓的。

为了能够挑战新事物，就把自己已经会的事情交给部下去做吧。

## 风险 2  深陷于过去的成功经历

现在，我们正站在范式转移[2]的重要历史节点之上。近年施行的工作方式改革[3]开始关注从团队型组织（以毕业生统一录用为代表）到职能型组织的转变，而一些曾经的热门行业也因日新月异的科技进步而陷入衰退。

在这样的大变革下，想靠过去的成功经验复制同样成功的可能性正在迅速减小。然而，即便如此，还是有很多人信奉过去的成功经验。究其原因，是因为他们没有进行反思。

为了不依赖过去的成功经验，只是了解经验本身是远远不够的。我们需要搞清楚，过去的成功经验令自己形成了怎样的看法与价值标准，其中有哪些是需要抛弃的。而要搞清楚这些，就需要我们进行反思。

自我反思，是个人与组织成长的关键。今后，团队领导者们如果要持续产出成果，光靠提升自己的技能与知识是不够的，还需要持续升级自己的观念及思想内在。

2  译者注：范式，是指从事某类科学活动所必须遵循的公认的"模式"，包括共有的世界观、基本理论、范例、方法、标准等。范式转移，指这些模式所发生的转变，后来也被用于指社会、企业等主体的观念、思维模式的转变。
3  译者注：由日本政府提出并实施的一项改革计划。基于人口老龄化、加班严重等社会现状，该项改革旨在通过颁布一系列相关法案，改善劳动者待遇，提高劳动生产效率，减少长时间劳动，促进人才的多样性。

现实与理想的差距，或许会让你感到束手无策。但这种时候，当你回顾过去的经历，会发现可以从中学到许多东西。就算是昨天刚发生的一件看似平常的事，你也能从中获得经验。就让我们以这些经验为动力，推动自己向理想迈进吧。

# 本书的阅读方法

本书旨在帮助读者养成高效的反思习惯，并将其活用到下属培养与自我管理等领域中。

第 1 章，我将会介绍有助于提升反思质量的元认知认知四要素框架，以及反思的五大基本方法。其目标在于让读者们学会活用各种方法，进行高质量的反思。

第 2 章到第 4 章，我将结合具体的使用方法，介绍应在哪些场景下灵活运用反思的技巧。

第 2 章的主题是领导力。我将向读者们说明，在结合自身特点构建领导力的过程中，反思能起到怎样的作用。第 3 章的主题是人才培养。我将说明，为了提升团队成员的斗志、促进主体性与个人成长，应如何借助反思的力量。第 4 章的主题是与他人的协作。我将向读者们介绍，如何在团队合作时活用反思的技巧，充分利用多样性，孕育新的价值。

平常没有反思习惯的读者，在挖掘自己内在潜力的时候或许会感到吃力，但随着反思的深入，对自己的了解也会越来越深，在自我肯定感得到提升后，便能感受到反思的乐趣。如果本书能够为您将来的成长添砖加瓦，那将是我最大的荣幸。

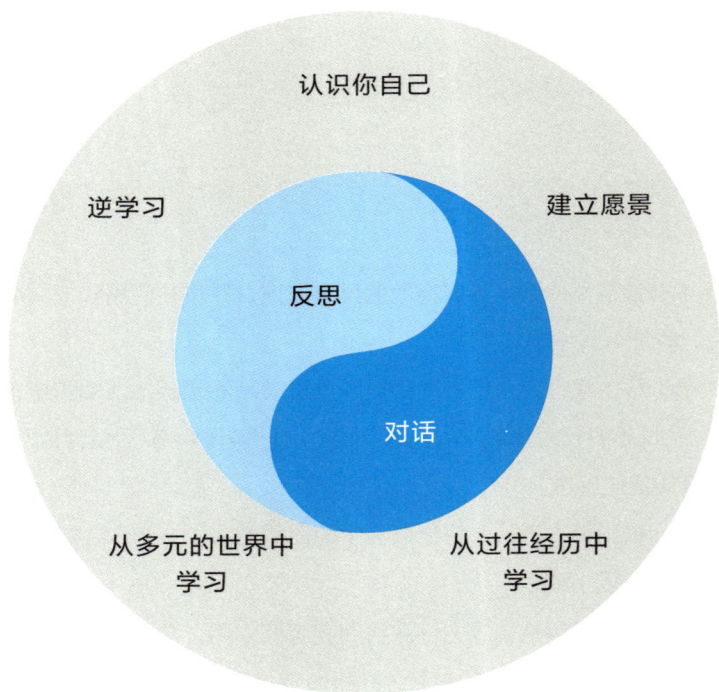

图 0-1 反思的五大基本方法

POINT
要点

■通过反思与对话，实现成长与学习的最大化。

■活用五大基本方法，有助于深化对他人的理解，促进对方成长，最终培养自己凝聚团队的领导力。

# 目录

## 第 1 章
### 反思的五种基本方法

## 第2章 领导力篇
## 成为一名"真诚"的领袖

# 第 3 章 人才培养篇
## 培养自律型学习者

# 第 4 章 团队篇

## 同心协力

# 第1章

## 反思的五种基本方法

# 提升元认知能力，认识你自己

反思能让我们从各种经历中获取经验，并进行持续的自我提升。然而，如果没有采取正确的方法，就无法通过反思收获智慧与灵感，更无法借此实现自己的理想。因此，我们首先应该了解反思的内在含义。

"认知"是一切反思的基础。因此，在进行反思之前，让我们先来了解一下"认知四要素"框架，这一框架对"认知"的整体机制进行了整理。

这一框架的目的在于提升元认知（对认知的认知）能力。这一框架将人们对于事实和经历的判断与观点可视化，拆分为"观点""经历""情感""价值观"等几个部分。通过这一框架，我们可以从多方面对自己的内在进行深入挖掘，进而拥有灵活思考的能力。

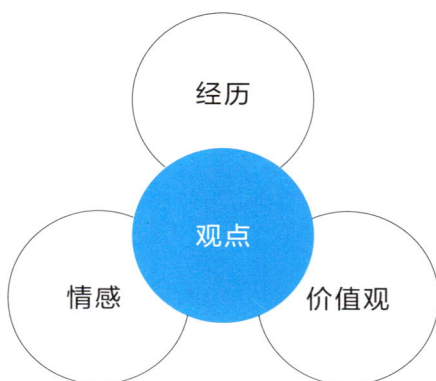

观点是在过去的经历、情感、价值观的基础上产生的

图 1-1 认知四要素框架

| 观点 | 你的观点是什么？ |
|---|---|
| 经历 | **这一观点背后，有怎样的经历？**<br>**通过这些经历，你知道了什么？**<br>读过的、听过的东西也都属于经历。 |
| 情感 | **这段经历连接着一种怎样的情感？**<br>对某段经历的记忆，同时也是对某种情感的记忆。<br>情感大致可以分为正面情感与负面情感两种。 |
| 价值观 | **客观审视你的观点、经历、情感，**<br>**明确自己所重视的东西是什么。**<br>包括你所看重的价值观、做出判断的标准、<br>特别在意的点、看待事物的观念等等。 |

认知是一个心理学领域的常用语，指"感知外界对象，并判断它是什么"。虽然你可能不常听到这个词，但实际上和呼吸一样，认知是我们每个人从出生起就一直在实践的自然而然的行为。

**■ 认知**（感知与判断）**的例子**

（感知）**眺望清晨的天空→**（判断）**今天是晴天。**

（感知）**观察上司的表情→**（判断）**今天他好像心情不错。**

（感知）**浏览资料→**（判断）**用下划线标出有价值的地方。**

比如说，在回顾某段经历的时候，回顾什么内容，要赋予这段经历怎样的意义，都是由每个人自己的认知决定的。如果认知本身就有偏差，那么，就算花再多时间在反思上，也无法收获真正重要的成果。

"认知必然基于观念，而观念则基于过往经历"，这是我们进行认知时必然遵循的法则。笔者将借助美国教育家克里斯·阿吉里斯提出的"推论阶梯"理论（图1-2）进行说明。

认知始于从事实和经历中感知到的特定的事实。如何看待感知到的事实（即判断），取决于每个人看待事物的观念，而观念则由过去的经历与知识构筑而成。

对新的事实进行感知、判断后，通过这段经历，我们就会形成一种新的观念，这种观念将在之后的生活中逐渐累积。

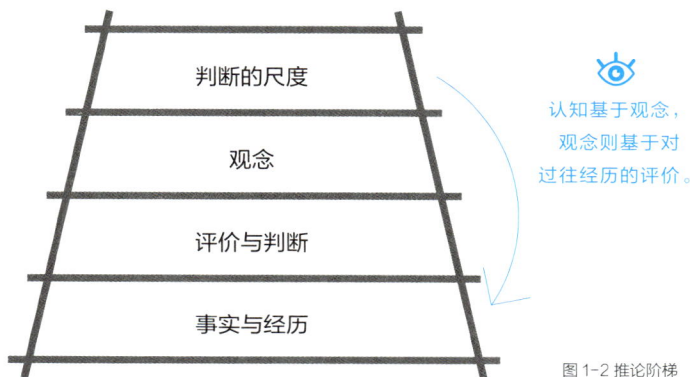

图 1-2 推论阶梯

认知基于观念，观念则基于对过往经历的评价。

## 元认知的认知四要素框架

麻省理工学院高级讲师彼得·圣吉提出了"学习型组织"理论，在这一理论中，他把我们通过推论阶梯形成的观念称为"心智模式"。而本章提到的"观点""经历""情感""价值观"的认知四要素框架，就是将"心智模式"可视化的工具。

让我们用一些简单的例子，来实际运用一下认知四要素框架，看看"心智模式"是怎样形成的吧。

比如说，喜欢狗还是不喜欢狗。

喜欢狗的人，是基于自己养狗、宠狗等正面经历，形成了"狗很可爱，很'治愈'"这样的观念，看到狗就想亲近它们。与此相对，不喜欢狗的人，可能曾经有过被狗咬、被狗追等恐怖的经历，所以认为"狗很危险"。因此，他们看到狗就会尽量避开。

# 看到狗时的认知

| | A同学的认知框架 | B同学的认知框架 |
|---|---|---|
| 观点 | 喜欢狗 | 不喜欢狗 |
| 经历 | 很早之前就在家里养狗 | 被狗咬伤过 |
| 情感 | 高兴，安心 | 害怕 |
| 价值观 | 狗很可爱，很"治愈" | 靠近狗的话，很危险 |

图1-3 认知四要素（以"看到狗时的认知"为例）

**POINT**
**要点**

就算是看到同一只狗，所产生的认知也是因人而异的。

另外，即使是同一段经历，不同的人所留下的印象也不尽相同。

我们就以一起去夏威夷旅行的 A 同学与 B 同学为例。

A 同学印象最深刻的是"在海边散步"，而 B 同学则是"潜水"。

让我们用推论阶梯和认知四要素来看一看，两位同学分别产生了怎样的认知，并对其认知进行了怎样的解释吧。

A 同学在海边散步时，产生了"因为湿度的差异，所以夏威夷比东京更舒服"的认知。但是，在夏威夷的海边散步，A 同学应该还看到了其他许多与东京不同的事物，比如当地特有的海水的颜色、沙子的触感等等。

那么，为什么这么多经历中，A 同学偏偏对湿度这么在意呢？基于认知四要素框架可以看出，在 A 同学的价值观中，"舒适"与"干净"是很受重视的元素。

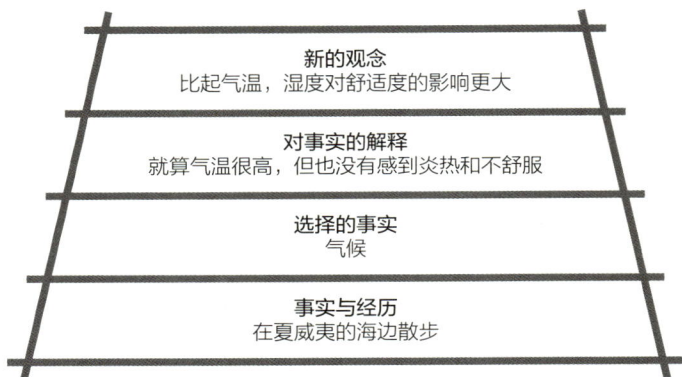

図 1-4 推論阶梯: A同学对夏威夷产生的观念

如果用认知四要素框架
进行深入挖掘的话

| A同学的认知四要素 | |
|---|---|
| 观点 | 为什么在意湿度？<br>夏威夷虽然气温很高，但却没有东京那样黏糊糊的感觉，这使我感到惊讶。 |
| 经历 | 这一观点背后，有怎样的经历？<br>东京的夏天一年比一年热，每次出门的时候，西装都会被汗浸湿，工作的时候总想冲个凉。来夏威夷前的一天也是这样。因此同样很热的夏威夷的舒适程度让我感到惊讶。 |
| 情感 | 观点与经历连接着一种怎样的情感？<br>（夏威夷的舒适）惊讶<br>（东京的炎热）遗憾 |
| 价值观 | 客观审视你的观点、经历、情感，明确自己所重视的东西是什么。包括你所看重的价值观、做出判断的标准、特别在意的点、看待事物的观念等等。<br>舒适、清洁感 |

而与之相对，B 同学印象最深的，则是在潜水时看到的海龟的华丽泳姿。在夏威夷潜水，能够看到日本海中没有的五彩斑斓的鱼群，甚至还可能见到蝠鲼。宝石般通透的蓝色海水也让他印象深刻。

那么，这么多的事实之中，B 同学为什么偏偏选择了海龟呢？借助"认知四要素"框架可以看出，这与他小学时学习游泳的经历有关。海龟的泳姿唤醒了他小时候学游泳时感受到的"又快又美的泳姿"这一价值观。

在反思中活用认知四要素框架，能如何提升元认知力，在看了以上案例之后，不知各位是否理解了呢？

从无数的经历中，选择什么东西去进行感知、判断，并提出相关观点；这一观点背后有着怎样的经历，这段经历连接着怎样的情感；以及这一意见的前提，是一种怎样的价值观与观念，通过客观审视这些东西，就可以提升我们的元认知力。

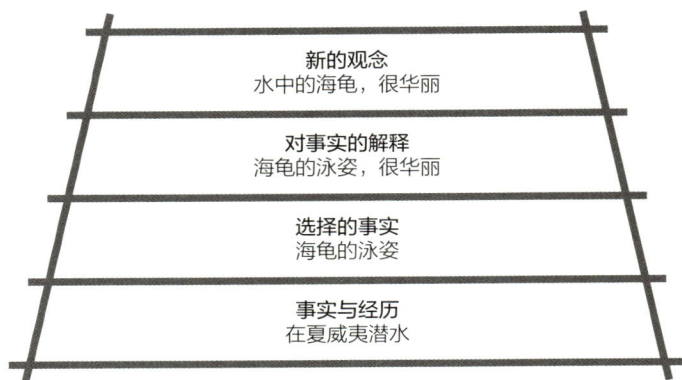

图1-5 B同学对夏威夷产生的观念

如果用认知四要素框架
进行深入探究的话

| B同学的认知四要素 | |
|---|---|
| 观点 | **为什么在意海龟的泳姿？**<br>因为龟兔赛跑的故事，使人产生了"乌龟都很迟钝"的印象，但海龟的泳姿干净利落，速度快，看上去非常美 |
| 经历 | **这一观点背后，有着怎样的经历？**<br>小学学游泳时，看到别人的泳姿觉得干净利落，而且速度快，非常美 |
| 情感 | 观点与经历连接着一种怎样的情感？<br>惊讶、触动 |
| 价值观 | **纵观你的观点、经历、情感，搞清楚自己重视哪些东西吧。**<br>包括重要的价值观、做出判断的标准、特别在意的点、看待事物的观念等等。<br>有速度感的泳姿，美丽、简洁不冗杂的东西 |

反思的难点在于其依赖于每个人的认知。我们常说，人类看待某样事物时，往往只会看到自己想看到的东西。以这样的状态去进行反思，必然不会有太大的收获。

自己感知到了什么、进行了怎样的判断（观点），其背后有着怎样的经历、情感和价值观——只有知道了这些，才能够客观地审视自己所做的反思。

增强对自身认知框架的理解，有助于我们多方面多角度地看待事物。

使用认知四要素框架与别人分享自己的反思成果，你能够清楚地了解自己与对方的差异，并被人类认知的多样性所震惊。因此，反思，不能自己一个人闷在房间里进行，而是要和拥有相同经历的人，比如团队成员共同进行反思。

通过了解其他人对某段经历的看法，能够获取基于不同观念的经验。

## 观点、经历、情感、价值观的拆分

认知四要素框架，将观点背后的经历、情感、价值观分别拆分、抽离出来看待问题。但我们在日常生活中思考问题时，并不会像这样把这几部分进行拆分，因此开始使用这个框架时或许会有点难以适应。

然而，如果养成了将这四部分进行拆分，然后再思考问题的习惯，就能加深自我理解，自我改造的能力也会得到大幅提升。这样，我们就能够很容易地察觉到自己被什么东西所束缚了，并从各种经历之中获得有价值的经验。或许一开始你会觉得这样的思考方式有点奇怪，那么，我们就来练习一下如何使用认知四要素框架吧。

首先我们以一个日常生活中极其常见的场景为例，来具体说明一下如何进行拆分。

## 与部下的 1 对 1 谈话

线上办公一段时间后，我与部下进行了 1 对 1 谈话。感觉自从开始线上办公之后，他看上去有点孤独的样子。所以这次面谈，除了工作的事情之外，我还问了一下他生活上有没有什么烦心事。或许因为是在家进行的线上面谈，与之前在办公室里的面谈相比，感觉这一次的气氛更轻松一些。我也没有很着急地推进谈话进程，想要得出什么结论，而是以倾听他的发言为主。自从线上办公以来，我对于交流的重要性的理解或许已经达到了一个新的高度，和下属们的信赖关系因此变得更加牢固了。

将这段经历，以认知四要素框架进行拆分的话，能够得出以下结果。

**• 观点**

相比线下办公，线上办公更能让我意识到交流的重要性，或许反而可以强化和部下之间的互信关系。

**• 经历**

和部下进行了 1 对 1 的线上面谈，我们俩都在自己家里。与办公室面谈不同，线上面谈的整体氛围更加轻松。另外，为了更好地了解部下的情况，与平常不同，我在提问时更为谨慎，更多地倾听他的意见。

**• 情感**

惊讶、安心。

**• 价值观**

支持、信赖关系。

那么，具体我是如何拆分这四个部分，得出以上结果的呢？下面我会逐个解释说明。

## 观点

观点一栏中，请填写"想法""学到的东西""思考的东西"。比如，"A 方案不错""天气真好"等等。

有时也会有人在经历、情感、价值观中全部掺杂进自己的观点。因为平常思考问题时，将观点和经历、情感、价值观分开考虑的人并不多，因此刚开始的时候，就算不会拆分也没有关系。总之请先把"认知可以拆分为这四个部分"这一点牢牢记在脑子里。

## 经历

经历一栏，请填写"观点背后的经历"。你可以将经历理解为"观点的根据"。通过视觉、听觉获取到的知识（也就是读到的、听说的东西），也都可以写进去。

虽然有时我们会写一些比较抽象的经历，但如果能写上具体的时间，让你能清楚地回忆起这段经历的话，之后把与这段经历绑定的情感和价值观剥离出来的过程会更加简单。

## 情感

你对于这段经历或知识，抱有怎样的情感。

情感大致可以分为正面情感与负面情感两类。当被问到"情感"相关的问题时，很多人往往会把自己的"观点"也混到里面去。这里请特别注意，只需要把你"感受到的东西"剥离出来即可。

许多人不习惯将情感具象化为文字。如果一时想不出准确的形容词，可以先判断这种情感是正面的还是负面的，然后从下方的"普拉切克情绪色轮"中选择合适的词。

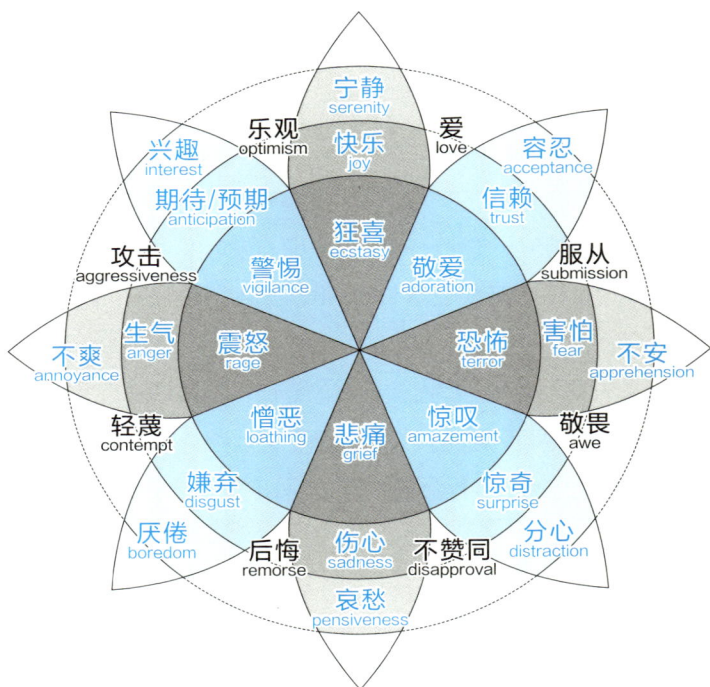

图 1-6 普拉切克情绪色轮

■在还不习惯用语言表达自己的情感的时候，就先从上图中选择与自己情感相近的词吧。

■越是靠近圆心，这种情感就越强烈。

还记得有一次，当我们问到"情感"的时候，一位受访者反问说"为什么必须在工作的场合谈情感"，对于思考"情感"相关问题表现出了一定的抵触情绪。

于是，我们就请这位受访者使用认知四要素框架，就"我为什么会这么认为"进行了反思。结果显示，其根本原因在于这位受访者的价值观。在他的价值观中，在公司工作时，应该做出合理的、冷静的判断，因此职场是不需要谈情感的。他对于"情感"这个词，似乎抱有某种负面情绪。

但实际上，即使是像他这样的人，也希望上司能多跟他讲讲愿景，希望自己的部下能有干劲儿。而愿景与干劲儿都是由热情支撑的，可以说是不折不扣的"情感的集合"。因此，说职场不需要情感是大错特错。

美国脑科学家安东尼奥·达马西奥博士因为用科学方法证明了理性思考与情感之间存在非常密切的关系而闻名。

一位名叫菲尼亚斯·盖奇的男子在进行铁路施工时遭遇事故，导致其前额叶（大脑负责处理情感的区域）永久性损坏。达马西奥博士对盖奇的案例进行了研究，并于1994年将研究成果发表在美国学术期刊《科学》上。

在那次事故前，盖奇的个性非常随和，但在遭遇脑部损伤后，他的性格大变。而且，他虽然没有丧失记忆，却无法进行学习和判断。达马西奥博士将盖奇受损的头盖骨与正常人类大脑的MRI（核磁共振成像）图像作对比，证明了其脑部损伤的部位是负责情感处理的前额叶。这一研究使得情感与思考的联系得到了科学证明，并获得了全球学术界的认可。

关于我们的大脑是如何从经历中获取经验的，在"脑科学与课堂"[4]课程的官网上，对于人类大脑从经历中学习经验的机制，脑神经学家们给出了以下解释。

在日常生活中，我们会做各种各样的决定，而这些决定的依据则是过去的经历。当某种行为产生结果时，我们根据那一刻的情感，判断这一行为是明智的还是愚蠢的，并将其作为一种经验储存在脑中，作为下次做决定时的依据。另外，在预测某种行为的结果时产生的情感，也是做决定时的重要依据。

正如脑科学界的研究成果所示，理性思考也是由情感做支撑的。在"认知四要素"中，对某段经历的记忆必然与某种情感相连接，这一情感则又与观点背后的价值观相连接。不顾这种情感的存在而妄下判断，实际上是非常危险的。

情感与价值观的关系，则是非常简单清楚的。

不管是谁，只要自己所重视的价值观得到了满足，那么心情就会变好；如果价值观没有得到满足，心情就会变差。

### • 价值观

认知四要素框架中，难度最高的就是价值观的定义。价值观包括"判断的标准与尺度"以及"观念"。观点背后一定会有用于判断的标准。然而，由于价值观是一个抽象的概念，在彻底熟悉之前，或许很难把握它。

---

4 译者注：由美国哈佛大学教育研究生院等机构合办的课程，旨在帮助教师将脑科学理论应用到课堂教学中。

因此，请活用关键词清单等工具，养成用具体的语言表达价值观的习惯吧。

不知各位是否已经理解观点、经历、情感、价值观的定义，熟悉认知四要素的框架了呢？接下来，我将向大家介绍活用这四种要素进行反思的五大基本方法。这几种反思的方法都是以认知四要素为基础的。

- 认识你自己
- 建立愿景
- 从过往经历中学习
- 从多元的世界中学习
- 递学习

## 本节要点

○ 养成使用认知四要素框架，拆分"观点""经历""情感""价值观"的习惯，进而提升反思的质量。

○阐述观点背后的经历。

○用具体的语言，将观点背后的价值观( 判断的尺度与观念 )具象化。

○理解情感会对自己的理性思考产生怎样的影响。

# 认识你自己

推动你进行各种行动的、你所看重的价值观是什么呢？

"帮助你了解自己的反思"这一部分的核心是我们的动机之源，即"内在驱动力"。如果掌握了自己动机的源头，那么不管什么时候，我们都能够自发地调动自己的积极性。

说起激发内在驱动力的方法，想必大家会想到美国作家丹尼尔·平克所提出的著名的"驱动力3.0"理论。平克将奖励、处罚等外在驱动力称为"驱动力2.0"。他还预言，内在驱动力，即"驱动力3.0"的时代即将到来，内在驱动力能完全激发所有人的潜力与创造力。

最近，越来越多的人开始关注"自我管理"这个概念，这一概念的重点在于"基于内在驱动力展开行动"。研究自律型组织、提出"青色组织"概念的弗雷德里克·莱卢也强调，上层管理的时代已经终结，未来组织的每位成员都与组织的目的（存在的根本理由）息息相关，以自我管理为驱动力的组织形式应当成为主流。

## 掌握动机之源，建立自己的行为准则

让人感受到行动的价值与快乐的东西，就是动机之源。我们每个人都有许多不同的动机之源。就算是同一岗位，性格相似的两个人，他们认为值得做的事情也不一定相同。

比如，团队的项目成功了，虽然每位成员都为项目成功感到高兴，但高兴的理由却可能不同。

有些人因为能与同伴高效协作，所以感到满足；有些人则因为能发挥自己的创造力而感到高兴；还有的人觉得团队完成了看似不可能达成的目标，所以很开心；而还有人因为战胜了竞争对手而感到开心；有些人因为得到了客户的感谢而心存感激；也有人因为得到了客户的认可而意气风发。

那么，各位读者，当你的项目取得了重大成果时，你感到高兴的理由是什么呢？如果你不太清楚自己高兴的理由，接下来将要介绍的"帮助你了解自己的反思"一定能帮你搞清楚自己的动机之源是什么。

让你觉得干劲满满的理由，并不只有一个。让我们通过这次反思，开始整理一份"动机之源清单"吧。

了解自己的动机之源，也有助于锻炼你的领导力。动力的源头同时也是人格与魅力的源头，是他人愿意跟随你前进的理由。如果能了解动机之源所在，进而维持自己的干劲儿，你将成为一名合格的领导者，即使遇到困难，也能泰然处之。

## 实践 帮助你认识自己的反思

就算你现在还不能用具体的语言将"动机之源"具象化，但你的"心"，其实早已经知道"动机之源"是什么了。因为当你的动机之源得到满足时，你的"心"会感受到"行动的价值与喜悦"，而动机之源没有得到满足时，则会产生负面情绪。

在"帮助你认识自己的反思"这部分内容中，我们将一起探究"为什么我会产生这样的心情"。

如果你反思的事曾经导致你产生较大的情感波动，那么你的心就会无意识地感知到动机之源。动机之源将会以"价值观"的形式出现。

那么，接下来，请大家通过下面四种类型的反思，将自己看重的价值观用语言表达出来，探寻自己的动机之源吧。

- **借助关键词清单的反思**
- **以日常小事为对象的反思**
- **以让你生气的事为对象的反思**
- **以个人史为对象的反思**

### 借助关键词清单的反思

从下面的关键词清单中，选取一个你认为最重要的关键词，并回答认知四要素的相关问题。

例如，像下面举的例子那样，首先从关键词清单中选取关键词"挑战"，虽然这个关键词本身就已经在某种程度上表现了你的特点，但相比之下，借助认知四要素框架得出的"向前看、挑战不可能"的价值观更为具体。也就是说，当你肩负一项"与美好未来有关的、向前看"的使命和"挑战不可能"时，你就会充满干劲儿。

另外，对于不同的人来说，"挑战"这一词背后的经历与价值观是不同的。同样是选择了"挑战"，最终判明的动机之源也可能不同。有人会将"挑战"与"成长"联系在一起，也有人则是因为"喜欢冒险"才选择了挑战。

# 从关键词中探寻自己的动机之源

选择一个你认为最重要的关键词，
用认知四要素框架进行反思。

## 关键词清单

保持平衡的生活 / 工作的过程 / 挑战 / 勇气与承担风险 / 工作的成果 / 社会
问题 / 名声与成功 / 权力与影响力 / 诚实 / 自我理解 / 开放 / 良好的人际关系 /
勤勉 / 孤独 / 冥想 / 帮助他人 / 工作本身的乐趣 / 效率 / 物质上的富有 /
自立与独立 / 工作的质量 / 好奇心 / 精神性 / 未来导向 / 兴趣广泛 / 在专业领
域得到好评 / 创造性与独特性 / 指导与培养 / 信条 / 追求真相 / 成长与学习

| 借助认知四要素框架的实例 | |
|---|---|
| 观点 | **你选择了哪个关键词？**<br>挑战 |
| 经历 | **是怎样的经历让你感觉这个关键词很重要？**<br>刚进公司的时候，我参与了一个很重要的项目。<br>虽然我做的都是一些辅助性工作，但因为项目组的前辈们都很优秀，所以每天都能学到东西。项目难度很大，问题很多，但前辈们总能不断克服问题，拿出成果。尤其让我印象深刻的是，当陷入危机时，前辈们始终都会向前看。而事实上，我们也的确不知不觉就摆脱了危机。一直到项目完成为止，都是这样循环往复。 |
| 情感 | **你当时心情如何？**<br>自豪，既激动又忐忑。 |
| 价值观 | **从中可以看出，推动你前进的、你所重视的价值观是什么？**<br>向前看，挑战不可能。 |

以上作业，建议几个人一起进行。首先各自完成自己的作业，然后大家分享各自的结果。通过倾听选择不同关键词的人的故事，以及选择同样关键词但做出不同解读的人的故事，可以在加深对他人理解的同时，更好地认识自己。

如果你成功找到了自己所重视的价值观，就把其中尤其能调动你热情的几个作为你特有的动机之源，并把它们放入"动机之源清单"里吧。如果某天你突然觉得工作没有干劲儿了，就回看一下这个清单，采取相应的行动，激发你的动机之源，这样，你就能继续以乐观积极的心态对待工作了。

## 以日常小事为对象的反思

在我们的日常生活中，发现动机之源的机会无处不在。不论是心情好的时候，还是心情差的时候，你都可以找到它们。把产生情感波动的经历作为反思的题材，有助于加深自我理解。

"让我感觉做了很有价值的工作"，这个题材尤其适合用来反思，因此请定期以此为对象进行反思。

### • 观点

请举一项让你觉得做了很有价值的工作。

拿到订单。

### • 经历

那是一段怎样的经历呢？

第一次拿到了大型房产的订单。在上司的指导下，我认真谨慎地与客户进行交流，最终取得了这一成绩。这种大型房产的单子，对于我们公司来说也是首次，所以有段时间我就总想，为什么是由我来负责呢？感觉压力很大，但多亏同部门的同事们支持我，最终还是成功拿出了成果。

- **情感**

你当时心情如何？

高兴，充满成就感。

- **价值观**

从中可以看出，推动你前进的、你所重视的价值观是什么？

合作、伙伴、感谢。

在这一反思中，除了"让我感觉做了很有价值的工作"之外，如果还有其他让你产生了较大情感波动的事情，也请务必尝试将其作为对象进行一下反思。"因为拿到了订单，所以觉得努力很有价值"，这样的反思还是太浮于表面了，你需要思考"我为什么会这么觉得？"（即背后的价值观），只有养成这一习惯，你才能知道自己所重视的东西究竟是什么。

### 以让你生气的事为对象的反思

当你遇到生气的事情时，动机之源并不会被激活。这种时候，请问一下自己"为什么现在我感到不爽"。如果养成这样的习惯，那么即便是让你感到遗憾的经历，也会成为寻找动机之源的机会。另外，这还能让你恢复冷静。

- **观点**

请举一件最近发生的、让你感到生气的事情（产生负面情绪的经历）。

公司经营方针的转换。

• 经历

那是一段怎样的经历呢？

公司的经营方针转换了，导致我正在推进的项目被中止了。为了保证项目按计划推进，我已经花了很大力气。而且，明明只剩三个月就能出成果了，为什么要中止它呢？这简直令人无法理解。

• 情感

你当时心情如何？

不甘心。

• 价值观

从中可以看出，推动你前进的、你所重视的价值观是什么？

成果与结果、贯彻初心、主人翁意识、责任。

虽然大家可能会觉得很惊讶，但确实如此——相比令人高兴的事，当我们反思不甘心的事和生气的事等负面情感时，更容易找出自己所重视的价值观。

看了一眼蓝天，不禁感叹"今天天气真好呢"，并且感到很幸福。但是，这时就算询问自己"我为什么会感到幸福呢"，也很难找出可以作为动机之源的价值观。"那个人总是不守约定"，当你这样生闷气的时候，其实你无法原谅对方的理由已经很明确了。这种情况下，很容易就能看出，你所看重的价值观是"遵守约定"。

当你陷入负面情感时，就是你了解自己的绝佳时机。因此，请一定记得时常问问自己："为什么我会有这样的心情呢？"

## 以个人史为对象的反思

在参加职业发展课和领袖研修班的时候，你有没有做过个人史的图表呢？

所谓个人史图表，其纵轴为驱动力，横轴为时间，是用来回顾自己至今为止的人生中印象深刻的事件的图表。不管是谁，每个人的个人史图表中都会出现高峰与低谷，呈现出一条上下起伏的曲线。

如果你手头上有自己制作的个人史图表，可以从线条弯曲处所对应的经历（转折点）中，选择正面的与负面的经历，并按照上一页所述的那样进行反思。作为人生转折点的经历一定蕴藏着非常多的动机之源。

在多次重复反思的过程中，你或许会发现一些出现频率很高的价值观。这种经常出现的价值观就是动机之源中数一数二的、你尤为看重的价值观。

从每天的日常生活做起，让"帮助你了解自己的反思"成为一种习惯，充实专属于你自己的"动机之源清单"。这样，就算有时候突然感觉丧失了工作的动力，你也能够从这份清单中获得提升干劲儿的灵感。

另外，如果能养成将动机之源与工作相结合的习惯，就能做到不依赖公司与领导，只靠自己的力量实现"自燃"，在任何环境下都能实现持续的成长。

## 本节要点

○ 当心情变好、变差的时候，都记得问问自己"我为什么会这样？"并进行反思。

○ 将反思过程中发现的"动机之源"制成清单。

○ 借助动机之源，增加感受工作的价值与幸福感的机会。

# 建立愿景

在搞明白动机之源后，接下来，就是挑战"帮助你形成愿景的反思"了。在这部分内容中，我将向大家介绍，如何把目前为止所找到的所有动机之源转化为推动我们实现目的和愿景的原动力。将自己心中愿景的种子与动机之源联系在一起，能够让我们搞清楚"自己想要实现什么"。

在本书中，我们将目的和愿景定义为"对于未来的意图"。说起"愿景"这个词，许多读者脑中可能会浮现出一些非常宏伟的目标，但本书中的"愿景"，其实也包含"希望看到我负责的客户的笑脸""想要健康地生活"之类的贴近日常工作生活的小愿望。总之，请将"愿景"理解为一个包含所有想实现的事情的概念。

## 从负面情感中寻找愿景的种子

在进行"帮助你形成愿景的反思"的过程中，我们将聚焦于负面情感，用认知四要素框架进行反思。

当动机之源（我们所重视的价值观）未得到满足时，我们心中就会产生某种不满，并带着这种不满去看待问题，有时甚至会感到愤怒。

这时，我们心中就会出现一幅"我想要的样子（理想）"的图像，并希望事情能变成"我想的那样"。这就是愿景的种子。将心中愿景的种子变成真正的愿景，这就是这种反思的目的所在。

如果能够把愿景和动机之源联系起来，你就会产生"我想要改变现状"以及"我要填平现实与理想之间的沟壑"的强烈愿望，进而激发你的潜力。

内在动机会唤醒我们的创造力，迸发出突破一切困难的能量。在学习型组织理论中，这种能量被称为"创造性张力"。

"有志向""有信念""把工作看作是自己的事情""有主人翁意识"等表达，其实都是在描述人被自己的创造性张力推动时的状态。

如果你想要把自己的精力更多地投入到眼前的事物，就用接下来介绍的这种反思，让你的愿景变得清晰起来吧。

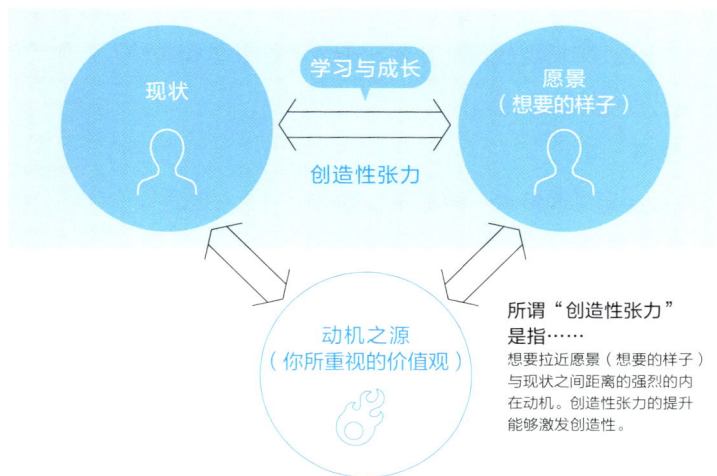

图 1-7 创造性张力

## 明确你想实现的事情

围绕"我想实现的事情"这一主题进行反思，能帮助你解决"我向往一种怎样的状态""这是因为我看重怎样的价值观"等等问题。

如果你还不清楚自己的愿景是什么，就请以现在的工作中以及生活中想实现的事情作为题材展开反思吧。

### 以想实现的事情为对象的反思

**• 观点**

你现在想实现的事情是什么？

让反思成为每个人理所当然的习惯。

**• 经历**

这一观点背后，是一段怎样的经历（包括你所知道的知识）？

有些人只以过去的成功经历为思考前提，和这种人讨论未来相关的话题时，感觉不管是描绘理想蓝图，还是未来携手前进都很难。虽然人们常说，维持现状就是死路一条，但如果是和这种人合作的话，今后也只有维持现状这一种可能了。

**• 情感**

这段经历，连接着一种怎样的情感？

悲伤、焦急。

**• 价值观**

从中可以看出你所重视的价值观是什么？

突破现有边界，催生良好的变化。

把作为动机之源的"价值观"与想实现的愿景，也就是"观点"

结合起来，能让愿景的存在成为推动自身前进的巨大力量，使你遇到困难时也不会轻易认输。如果能够善用这种力量，你在前进的道路上将无所畏惧。

## 做目的与愿景的主人

一些上班族或许会觉得"不管工作还是愿景，都是公司单方面施加给我的"。

然而，就算是公司安排给你的工作，如果能认识到其与动机之源的联系，工作做起来就会轻松许多，也能够增加发挥自己潜力的机会。

接下来，我们将介绍的这种反思类型，能让你将目的与愿景变为自己的东西，让你对愿景实现后的未来有一个清晰的认知，明确愿景实现后的样子。

**以正在努力做的事为对象的反思**

请回答以下 10 个与"你正在努力做的事"相关的问题。

• 主题

你现在正在努力做的事是什么？

• 目的与愿景

你想通过这一努力实现什么？

• 与动机之源的联系

这件事对你来说有着怎样的意义？

• 经历

关于这件事，你有着怎样的经历（包括你所知道的知识）？

（因为怎样的经历，才会认为这一目的与愿景非常重要？）

• 情感

这段经历，连接着一种怎样的情感？

• 价值观

从中可以看出，你所重视的价值观是什么？（因为重视什么事情，所以才对这一目的与愿景很执着？经历与情感背后，有着怎样的价值观？）

• 谁的需求

你努力做这件事，最终能让谁受益？

（达成这一目的与愿景，能满足谁的需求？）

• 怎样的需求

这件事成功后，受益者能获得什么？

（达成这一目的与愿景，能够满足怎样的需求？）

• 影响

这件事成功后，能给社会带来怎样的变化？

（达成这一目的与愿景后，社会将发生怎样的变化？"影响"的范围包括家庭、地区、社区、团队、组织等等。请根据主题进行更换。）

• 成功的评价基准

如何定义目的与愿景的成功？

（这件事必须达成的目标,以及基于怎样的指标去判断这件事是否成功。）


"我想要实现什么？""为什么这个愿景很重要？"通过问自己这些问题，你会对这件事产生更强的主人翁意识。如果这件事是一个很宏大的愿景，在回答这 10 个问题的过程中，你甚至可能还会感到刺激与紧张。

如果能活用认知四要素框架进行反思，就能知道自己所看重的东西是什么。在反思的过程中，你会发现许多过去未曾察觉的价值观浮出水面。将这些价值观制成清单，能够让你在做任何工作时都有一种主人翁意识。将动机之源与愿景联系起来，你就能用自己的语言讲清楚"我为什么要做这项工作（Why）"，你的工作方式自然也会随之发生改变。这种变化将会十分显著，甚至会让你周围的人都感到诧异。

## WORK 小作业 以"正在努力做的事"为对象的反思

请回答以下10个与"你正在努力做的事"相关的问题。

| 主题 | 你现在正在努力做的事是什么？<br>反思的普及、宣传 |
|---|---|
| 目的与愿景 | 你想通过这一努力实现什么？<br>让反思成为每个人理所当然的习惯 |
| 与动机之源的联系 | 这件事对你来说有着怎样的意义？<br>问题解决起来很顺利，我能切身体会到明天会比今天更好 |
| 经历 | 关于这件事，你有着怎样的经历（包括你所知道的知识）？<br>泡沫经济时代，我赴美求学，在我当时留学的学院，最大的研究课题就是反思"美国为什么输给了日本"。我在那里学到了日式经营模式的优点，但回国后，却发现日本企业已经相继开始放弃日式经营方式的优点，走向衰落。日本因为没有反思"我们为什么能赢"，所以不知不觉抛弃了自己的优点 |
| 情感 | 这段经历连接着一种怎样的情感？<br>震惊、遗憾 |
| 价值观 | 从中可以看出，你所重视的价值观是什么？<br>智慧、谦虚、学习与进化 |
| 谁的需求 | 你努力做这件事，最终能让谁受益？<br>社会、企业、公民、青少年 |
| 怎样的需求 | 这件事成功后，受益者能获得什么？<br>社会：社会变革所需的反思与对话将得到广泛开展<br>企业：发挥自己的强项，持续为社会作贡献<br>公民：激发自己的潜力<br>青少年：长大成人后能够接手一个不断进步的社会 |
| 影响 | 这件事成功后，能给社会带来怎样的变化？<br>社会：形成愿景<br>企业：促进创新<br>公民：自我效能感与幸福感得到提升<br>青少年：能够凭一己之力改变社会的变革者的数量越来越多 |
| 成功的评价基准 | 如何定义目的与愿景的成功？<br>善用反思与对话的个人与组织（团队）的数量和成功案例的数量 |

## 再小的愿景，也值得重视

在本书中，我们将"愿景"定义为"对于未来的意图"。或许有人会觉得，愿景就必须是非常宏大的，但实际上，不管是改变世界的宏大愿景，还是与半径 5 米之内的东西相关的小愿景，都是值得我们加以重视的。

例如开会时，大家本应分享各自意见，但大家却都不愿讲出自己的真实想法，你对于这样的现状感到不满，于是，你在心中想象了一下，大家都能畅所欲言的理想会议。其中就蕴藏着改变未来的愿景。

为了实现这一愿景，你可以想办法调整一下现场的氛围，消除大家发言的顾虑，或许就能在这场会议中收获大量参会人员的真实想法。

在日常工作生活中，如果对什么东西感到不满，就立刻问问自己，"为什么我会感到不满和别扭"，进而确定自己未得到满足的动机之源是什么。

这样你应该就能够明确你心中的愿望，以及这个愿望所要实现的"理想"是什么样子。

## 所有的创业故事，都蕴含着动机之源

说完小愿景，我们来说说大愿景。这一部分，我将以一些创业者的愿景为例子展开说明。创业者的愿景往往会具象化为产品或者服务，有些甚至就藏在我们身边。

如今的互联网巨头谷歌也曾经历过一段艰辛的创业期。谷歌是拉里·佩奇和谢尔盖·布林这两位斯坦福大学的研究生所创立的公司。

当时的搜索引擎服务在 IT 行业可以说是一个完全赚不了钱、毫无吸引力的业务板块。就算是当时势头正盛的微软的比尔·盖茨似乎也完全没有意识到这一业务所蕴藏的巨大可能。而佩奇与布林之所以如此热衷于创新搜索引擎，就是因为他们的动机之源。

当时的搜索引擎基本继承了电视广告的商业模式，广告主只要支付高额的广告费，其相关信息就会显示在搜索结果的首位。但他们对这一模式感到强烈不适。

他们二人都出生于高知家庭，自己也在斯坦福大学进行着研究，所以无法容忍搜索引擎上的信息被商业主义所操控。如果有人想要搜索一下应该给生病的母亲买什么药，但出来的结果却是按照广告费的高低来排名的，那么他显然就无法搜索到自己想要的结果。

另外，他们还提出，大众已经将这种"由广告费决定搜索结果"的搜索引擎运转模式视为理所当然，这是非常错误的观念。于是，谷歌，一个由网民主导的民主化的搜索引擎诞生了。

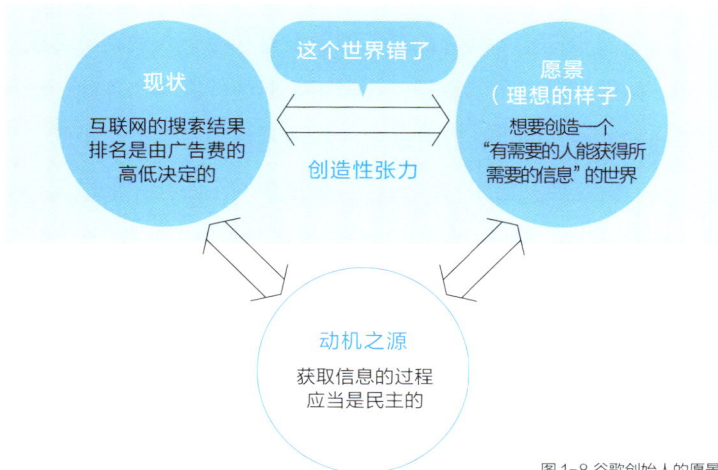

这个世界错了

现状
互联网的搜索结果排名是由广告费的高低决定的

创造性张力

愿景
（理想的样子）
想要创造一个
"有需要的人能获得所需要的信息"的世界

动机之源
获取信息的过程应当是民主的

图 1-8 谷歌创始人的愿景

在所有的创业故事中，你都能发现与动机之源紧密连接的"现实与理想之间的差距"，以及实现理想的过程中，创业者们所展现出的"创造性张力"。他们之所以能在自己心中清晰地描绘出一幅与现状不同的未来图景，就是因为找到了动机之源。

## 将公司愿景与个人愿景结合起来

我们围绕个人愿景，讲解了愿景和动机之源以及创造性张力的联系。接下来，我将为大家说明，在公司层面宣贯愿景时，如何活用反思的力量。

在制定了愿景之后，公司为了实现愿景宣贯，往往会采取愿景说明会、管理层与员工的对话会、发放愿景卡片等各种各样的手段。但即便如此，对于很多员工来说，公司的愿景只是浮于纸面的文字而已。你是不是也有同感呢？或者，如果你是团队领袖的话，是不是也有同样的烦恼呢？那么，为什么我们为愿景宣贯所做的努力没有获得相应的回报呢？

答案其实很简单。因为公司的愿景没有和每个人的动机之源连接在一起。如果只是向员工解释"公司想要实现什么""为此，公司对你有怎样的期待"的话，愿景是无法渗透到每个员工的心中的。所谓愿景宣贯，就是要让愿景作为一种实实在在的东西存在于员工心中。为此，首先应让员工通过反思，对公司愿景产生主人翁意识。

"这一愿景的具象化，对你来说有着怎样的意义？"
"你为什么想实现这一愿景？"
"你的动机之源，是怎样和这一愿景联系在一起的？"

如果所有员工都能回答以上几个问题，那么愿景宣贯也就成功了。

公司愿景的宣贯，或许在公司创立那一刻就开始了，但实际上，要想实现公司愿景的具象化，离不开每位员工的个人愿景的支撑。

动机之源，就像感应器一样，能够感知到你对事物的不满，并将你所认为的事物应有的样子映射到自己心中。通过反思，明确"我想实现什么，这对于我来说有着怎样的意义"，就能让愿景成为自己的东西。然后，当每位成员都对这个问题有了自己的答案时，愿景就能成为推动组织前进的巨大动力。

## 将"实现理想的动力"最大化

明确了自己的愿景之后，"我想变成这样""我想改变现状"这样的心情就会愈发强烈。这种想要填补现状与理想之间的沟壑而产生的能量，我们称之为"创造性张力"。

想要活用这种能量，首先你需要意识到它的存在。为了唤醒平常沉睡着的创造性张力，以"正在努力做的事"为对象的反思是不可或缺的。如果能够将愿景变成自己的东西，觉醒的创造性张力就会激发你的潜力，提升解决问题时迸发出的能量。这样的话，你就会冒出一些平常想不到的好点子，就算遇到困难的时候，也能够打破障碍，继续前进。

日本京瓷的创始人稻盛和夫先生将能够带动企业实现巨大突破的好点子的闪现，称为"神的低语"，并表示这是认真努力做事情的人才能获得的"上天的奖励"。

在其著作《心》中，稻盛和夫先生介绍了一段他当年开发产品时发生的小故事。当时，稻盛先生正在寻找一种用来黏合陶瓷的优质材料，以实现电视机显像管的绝缘零件的量产（愿景）。某天，稻盛先生偶然被谁落在地上的实验用蜡绊倒了。他刚想大喊"是谁把这种东西放在这里的"，却发现鞋底的蜡紧紧地把他的鞋子粘在了地上。然后他发现，这种蜡正是他所需要的材料。稻盛先生说，自己当时仿佛听到了"神的低语"。只有在创造性张力觉醒的状态下，为了实现愿景而努力认真寻找答案的人，才能获得这"上天的奖励"。

日本知名电子设备制造商欧姆龙的创始人立石一真先生则把"与答案的相遇"称为"决定性的瞬间"。

在开发日本首台自动检票机时，欧姆龙的开发团队遇到的最后难题，是如何才能让每张车票从检票机出口出来时朝向一致。而在解决这个难题时，开发者"与答案相遇"的过程是业界一段非常有名的故事。"决定性的瞬间"在一位开发者去某条小溪钓鱼时到来了。从上游漂流下来的竹叶，在与岩石相撞之后，其行进方向发生了轻微的改变，看到这一幕的开发者瞬间想到了统一出票朝向的方法。于是，他就在车票入口附近放置了一个"障碍物"（仿照那块岩石），这样的话，所有车票从检票机出票口出来的时候，就都是竖着出来的了。与竹叶相遇的"决定性的瞬间"引导开发者完成了日本第一台自动检票机的开发。那么，在日常生活中，当你看到竹叶时，会不会联想到车票呢？在"与答案相遇"的那一瞬间，这位开发者之所以没有错过答案，正是因为他的创造性张力非常强。

如上所述，要做好创造性的工作，其前提并不是"我必须要如何如何"，而是"我想要实现××"，也就是"想要"。强烈的"想要"，能转变为创造性张力，进而引导我们"与所寻找的解决方法相遇"。

为了唤醒创造性张力，我们首先需要激活动机之源。你所重视的价值观会成为一盏探照灯，它会探测到你对现状的不满，并一路护送你，直到你搞清楚自己的"理想"是什么样子。当你一心想着实现"理想"，非常想要填补你所发现的现状与理想之间的沟壑时，与答案相遇的"决定性的瞬间"应该就会到来。

通过"帮助你建立愿景"的反思，搞清楚和动机之源相连的"理想"是什么，即使是日常性的工作，如果将它与动机之源联系起来，你也能够收获许多快乐以及对工作价值本身的认同。在填补现状与理想之间的沟壑的过程中，反复进行反思，能够帮助你找到解决问题的方法。

活用创造性张力，逐渐实现愿景的过程，是个不断试错的过程。

接下来，我就将向大家介绍，这一过程中不可或缺的"帮助你从过往经历中学习"的反思。

## 本节要点

○ 通过"帮助你建立愿景"的反思，将动机之源转化为实现理想的活力。

○ 通过以"正在努力做的事"为对象的反思，培养自己对于所有工作的主人翁意识。

○ 活用"创造性张力"（为了填补理想与现实的沟壑而产生的能量），实现愿景。

# 从过往经历中学习

将目的、愿景和动机之源联系起来，实现目标所需要的能量就会不断涌出。但是，实现理想的过程中，会出现各种各样的困难。为了帮助大家跨越这些困难，这里就向大家介绍一下"帮助你从过往经历中学习"的反思。

## 分清楚"反思"与"反省"

首先，我想统一一下大家对于"反思"与"反省"的认识，明确一下这两者的区别。无论是反思还是反省，都是一种回顾过去经历的行为，但回顾的目的则有所不同。

请各位回想一下自己反省的时候是一种怎样的场面。说起反省，大家是不是会想到"回顾覆水难收的过去的错误""对自己的某种言行感到悔恨""心情变得很沉重"之类的事呢？或者说是"被人追究责任""自己在别人心中的评价降低了"之类的令人遗憾的经历。

而反思的目的是从经历中获取经验，并在未来加以运用。反思的前提是"不论成功，还是失败，有些东西，只有经历过了才会知道；只有经历过了，才能将经历变为智慧"这样一种坚定的信念。进行反思，是为了通过各种经历让自己不断地获取智慧。如果你能进行优质的反思，那么不管是成功还是失败，这段经历都能成为你获取智慧的源泉。

因此，用积极的心情回顾失败的能力是不可或缺的。当你想要创造新的价值的时候，却因为担心失败而缩手缩脚的话，是不可能实现创新的。只做一些你有把握能做到的事，而不去挑战一些相对困难的问题，既无法成长，也无法进步。

挑战做某件事但遭遇失败的时候，你会觉得"我果然做不到"，从此一蹶不振？还是鼓励自己"总有一天我一定能做到"，相信未来的无限可能？这会直接决定你能否从这段经历中获得宝贵、高质量的经验。为了让各种经历都能成为你的精神食粮，就需要学会通过反思，"从过往的经历中学习"。

反省

对于无法改变的过去的事的
反省，以及追究责任

犯下了怎样的错误

是谁的责任

谢罪与借口

没有获得有利于
将来发展的经验

反思

原本期待的结果是什么

实际的结果是什么

理想与现实之间
有怎样的差距

要填补这种差距，
应该改变什么

将理想变成现实，
应该做些什么

现在

过去 ←          → 未来

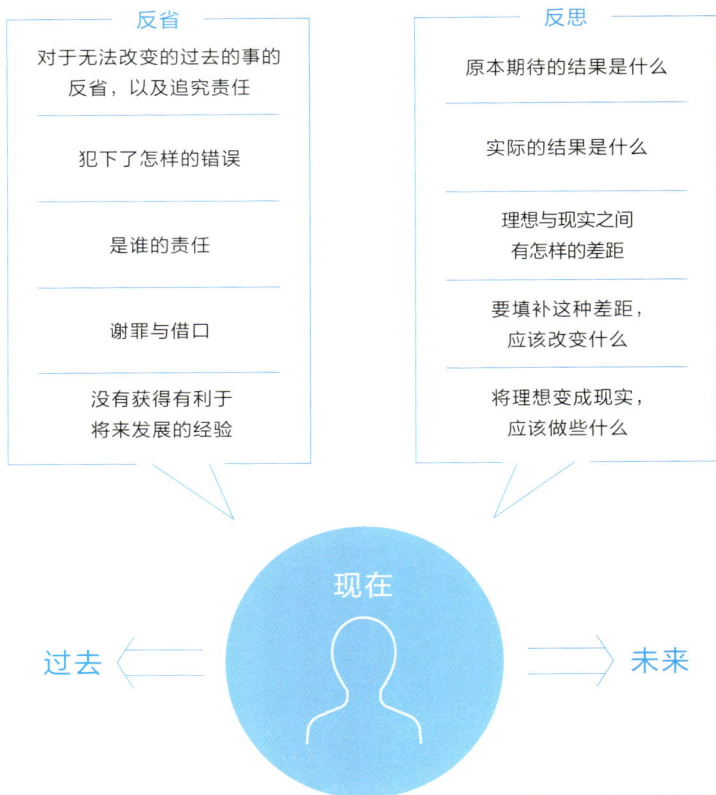

图 1-9 反思与反省的区别

**POINT**
要点

反思，能将过去的经历活用到将来的工作生活中。

## 对内在的反思能让你收获经验

通过反思，"从过往经历中学习"，在这一过程中，库伯的经验学习圈是必不可少的。经验学习圈理论认为，通过重复①经历②回顾③发现规律④活用到下一个计划这四个步骤，即可提升我们从过往经历中学习的能力。在本书中，实践库伯的经验学习圈时，我们也会使用认知四要素框架。

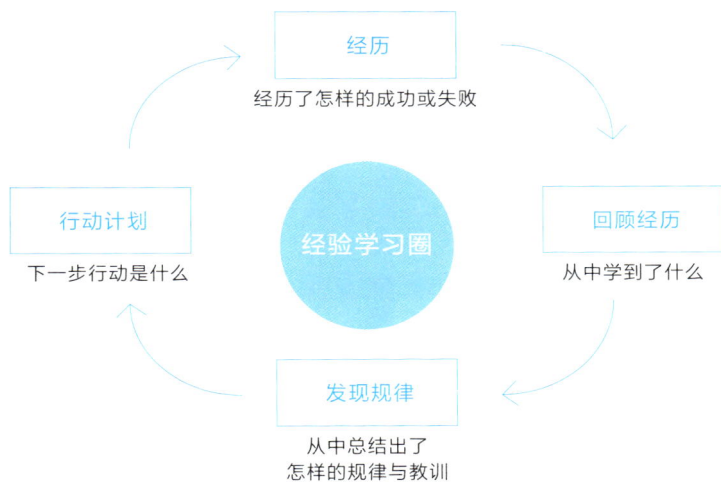

经历
经历了怎样的成功或失败

回顾经历
从中学到了什么

经验学习圈

发现规律
从中总结出了
怎样的规律与教训

行动计划
下一步行动是什么

图 1-10 库伯的经验学习圈

我曾给一家拥有 350 家分店的教育公司的区域经理和店长做了 10 年培训。这家公司的员工们都非常优秀，而且学习意愿很高，能够认真地使用经验学习圈模型。这或许和这家公司将"学习"作为自己的经营理念也有一定关系。

但是，虽然大家看上去都在践行经验学习圈模型，但有些人学到了东西，获得了成长，有些人则没有学到任何东西。于是，我们试着探寻了一下出现这种差异的原因，结果发现，经验学习可以分为四种层级。如果只是进行低层级的反思的话，是不会有成长的。

经验学习的层级如下。

### 第 1 层 对结果的反思

第 1 层，是对于已经发生的事和结果的反思。在反思过程中，正确把握事实，这一点的确非常重要，但如果对经历的回顾自始至终只停留在这个层级的话，是无法将经历变成经验的。

### 第 2 层 对外界因素的反思

第 2 层，是对于他人和环境的反思。如果只是从他人和周围环境上找原因的话，不管花再多的时间，都是无法获得改变未来的灵感的。

在我们作为上司对下属进行培养的时候，许多人的反思始终都停留在第 2 层。"明明我花了这么多时间教他，但却完全没有长进"，如果你有这样的烦恼，说明你把注意力集中在了部下的问题上。但是，一直停留在这个层级是不行的。想要改变现状，就应该把部下的问题放在一边，先好好反思一下自己的教育方法。

### 第 3 层 对行动的反思

第 3 层，是对自己行动的反思。回顾自己的行动，将它与行动的结果联系在一起，你就会明白自己接下来该采取什么行动。但是，不知道大家有没有过这样的经历："就算我回顾自己的行动，也还是无法改变现状。"

就算回顾了经历，就算尝试了采取下一步行动，也还是无法解决问题。这种时候，就有必要将注意力转向我们行动的前提，也就是自己的内在因素了。


### 第 4 层 对内在因素的反思

第 4 层，是对自己内在因素的反思。使用认知四要素框架，对行动的前提，也就是主张（从过去的经历中得出的规律）进行回顾，就可以客观看待自己的行动的前提。本书中，我将会向大家介绍如何做到第 4 层——"有助于从过往经历中学习"的反思。

"这样的话应该没问题"，这样的想法是我们采取某种行动时的前提。有意识无意识地，我们都会活用过去经历中积攒的智慧，开展每天的行动。

但是有时候，基于过去经历的成功法则可能也会失灵。这种时候，就有必要考虑自己的内在因素，思考自己为什么会觉得"这样的话应该没问题"。

在这个日新月异的时代,遵循过往的成功例子,往往会伴随着风险，因此，进行第 4 层的反思，回顾自己的内在因素，这种习惯将会越来越重要。

LEVEL 4　自己的内在因素

| 观点 | 情感 |
| 经历 | 价值观 |

LEVEL 3　自己的行动

LEVEL 2　他人与环境

LEVEL 1　发生的事及结果

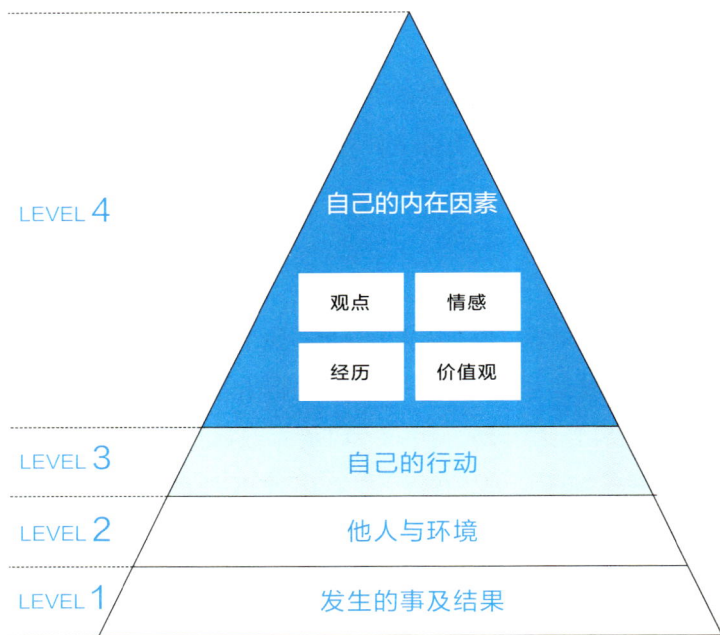

图 1-11 反思的层级

**POINT 要点**

反思的层级越高，你能从经历中学到的东西就越多。

自己一个人就能完成的工作是很少的，所以我们无法无视他人与环境的存在。在正确认识他人的情况和环境的基础上，不断思考"我对事情的预想是否正确""我要做出怎样的改变才能离理想更近一步"，这才是能够促进自身成长的反思。

## 为什么我就是改不过来?

了解我们行动的背后是一种怎样的想法在驱动，这能给我们带来怎样的好处呢? 例如，我们假设，有这么一个人，他虽然很想培养自己的部下，但不管怎么努力，部下都没有长进，因此他感到十分困扰。因为他之前作为一线员工时表现优异，业绩斐然，所以公司才给他配了一个下属，但他却一直放不下自己的成功经历，教着教着最后就把事情拿过来自己做了……或许你周围就有这样的人。

想要改变自己的行为模式，却怎么都无法成功，这种时候，实际上，你心里肯定有一个"我的确不该改变自己的行为模式"的正当理由。"虽然我觉得培养部下很重要，但满足领导对我的工作速度的要求也很重要"，如果你有这样的矛盾心态，并且只进行第 3 层的"对自己行动的反思"，是很难改变自己的行动的。

我们采取的某种行动，背后一定是有某些正面积极的理由的。这个人之所以会把活拿过来自己做，就是因为他认为组织所要求的速度与责任感非常重要，并且优先级更高，所以"培养部下"这个目的就从他脑中消失了。只有通过第 4 层的"对内在因素的反思"，客观认识自己的内在因素，才能改变现状。

那么，客观认识自己的内在因素，能够让你收获些什么? 我们通过一些具体的例子来看看吧。

## 以"在一线拼搏时的成功经历"为对象的反思

### • 观点

工作的质量与速度是关键。我正是因为对工作有责任感，所以才获得领导和同事的好评的。

### • 经历

交给我的工作，我一直努力想要拿出领导所期待的结果。为了能高质量、高效率地完成工作，我一直在想办法。领导与同事也经常说，工作交给××，就放心了。

### • 情感

快乐。

### • 价值观

责任感、工作的质量与速度。

可以看出，过去作为一线员工的成功经历，构建了他所看重的价值观，并成了当前行动的基础。

## 部下养成的经历的反思

### • 观点

还是我自己直接上比较快。只有达成上司对工作速度的要求，我才算是履行了自己的职责。

### • 经历

就算教部下做事，他也还是没有长进。就算教了，他也达不到我期待的水准。上次教他的时候，他总是来问我问题。然后我花了很多时间教他，结果因为时间不够，最后还是我把事情拿过来给做完了。

在人才培养上花费时间，简直就是浪费。

• 情感

遗憾。

• 价值观

责任感、工作的质量与速度。

从以上内容可以看出，虽然自己用心指导了，但怎奈部下没有进步，这种遗憾的经历，是他放弃培养部下的原因所在。

虽然知道培养部下这件事的重要性，但最后还是自己把事情揽过来给做了。这件事背后的根本原因，是他对工作的责任感，以及对工作质量与速度的重视。

的确，不管是责任感，还是工作的质量与速度，都是非常重要的。然而，公司当前对他的期待，已经不再停留于作为一线员工直接产出成果，而是作为一名领导去培养优秀的部下。那么，为了让自己的事业更上一层楼，他就应该咬咬牙，继续挑战"培养部下"这一难关。

在我们的工作生活中，会经历很多类似"升职""换岗"之类的事情，这些事情，会带领我们踏入一个未知的全新世界。在这个新世界，你会发现，许多过去的成功经验行不通了——这是所有人都会遇到的问题。在这个例子中也是如此。责任感，以及对工作质量与速度的执念，是帮助他一步步走到今天的位置的良好品质，但在培养人才的时候，却成了阻止他前进的障碍。这种时候，就应该通过对自己内在的元认知去搞清楚，对于目前的自己来说，什么东西的优先级更高。

掌握经验学习的第4层"对内在因素的反思"，其最大的好处在于，它能让你认识到，催生当前问题的是一种怎样的认知。而这种错误认知的背后，实际上是因为迷信于过去的成功经验而产生的"这样做一定没问题"的盲目自信。

如果养成反思内在的习惯的话，你就会发现，我们所做出的所有行为背后，都是有某种"正当"理由的。不管最终结果如何，在开始做某件事之前，我们心里都会做出一种"这样做一定没问题"的假设。但是，就像刚才提到的人才培养的例子一样，这一假设本质上是基于过去的成功经验，它并不能百分百保证将来的事情能够成功。

通过对内在的反思，改变自己的思维，你就能对当前的问题有全新的认识，知道自己下一步该做什么。

我们的大脑能够从经历中获取经验，并将经验应用到生活中。这一学习功能非常重要，它所带来的经验教训，能够帮助我们远离危险，并且使我们在做事情的时候不至于像只无头苍蝇。然而，当过去常用的方法行不通，或者开展工作遇到瓶颈的时候，对内在因素的反思就会派上大用场。

## 实践 从过往经历中学习的反思

那么，我们在实际工作生活中应该如何回顾过往经历呢？接下来我将向大家介绍，通过反思，从过往经历中学习的几个步骤。这种反思的目的在于，明确我们从经历中获得了怎样的经验，以及制定相应的计划，在未来将这些经验加以运用。如果能达成这两项目的，我们学到的经验就能在将来发挥更大的作用。

### 步骤 1：回顾你的计划

• 计划

在这段经历开始前，你有怎样的计划？

• 假设

你对这段经历做了怎样的假设？

• 假设的前提

这一假设是基于怎样的经历、情感与价值观？

明确行动前的假设是什么，进而提升第 4 层"对内在因素的反思"的质量。

## 步骤 2：预想的结果与实际的结果

• 预想的结果

你最开始预想的结果是什么？

• 实际的结果

实际的结果又如何？

通过步骤 1 与步骤 2，明确反思的目的。

反思的目的是缩小理想与现实之间的差距。因此，明确预想的结果与实际的结果之间的差距，就是反思的开始。

## 步骤 3：回顾经历本身

• 经历

这是一段怎样的经历？

• 经历的分析

在这段经历中，有哪些顺利和不顺利的事情呢？

- 情感

这段经历连接着一种怎样的情感？

这一步的重点，是对过往经历进行具体、细致的回忆。

明确这段经历对你来说有着怎样的意义，你从这段经历中学到的东西将会更加丰富。

### 步骤 4：从这段经历中获得的教训

如果事情很顺利

- 原因

你认为为什么会这么顺利？

如果事情不顺利

- 原因

如果能够回到一切刚开始的时候，你会做出怎样的改变？

在步骤 4 中，我们将明确自己从这段经历中学到了什么。

如果这段经历很顺利，那么我们可以用自己的语言将"顺利的原因"具象化，进而总结出一条成功法则，在未来工作生活中加以运用。而如果这段经历不太顺利，那就问问自己："如果能够回到一切刚开始的时候，我会做出怎样的改变？"进而引出一些你可能早在不知不觉中意识到的教训（例如，"当时这样做的话就好了"之类的）。

### 步骤 5：总结经验

- 法则

通过这次反思，你搞清楚了哪些东西？这段经历使你的固有观念发生了怎样的改变？尝试着从这段经历中总结出一些经验吧。

重新阅读步骤4为止的答案，我们可以客观地审视一下，自己给这段经历赋予了怎样的意义，又从经历中学到了什么。我们的认知会选择经历的某个部分，把注意力集中到特定的事件上，从中找出经验的种子。

另外，就算是同一段经历，不同的人也会赋予其不同的意义。因此通过和他人的对话，可以多方面地回顾一段经历，进而获得更多的启发。

## 步骤6：行动计划

### • 行动计划

这次学到的东西，下次要怎样运用到行动中呢？

搞清自己学到了什么，就开始计划在接下来的行动中要如何活用它们吧。这一步完成之后，从经历中学习的反思的一个周期就结束了。

## 步骤7：疑问

### • 疑问点

现阶段，还有哪些没有学会的、感到疑惑的东西吗？

明确自己的疑问点，从将来的经历中找到答案的概率就会上升。

到此为止，我们通过这7个步骤，对"从过往经历中学习的反思"进行了说明。希望大家在认真回顾一些重要工作、事件的时候，活用这套方法。而如果是一些日常的事情，也可以使用简易版本。

# 从过往经历中学习的反思

下面的例子，是记录一位领导在回顾与部下的一对一面谈——这次一对一面谈的主题是构建个人生涯愿景。因为这个部下的主体性和能力都很强，所以领导觉得他心里应该有一幅生涯愿景了，虽然可能还比较模糊。抱着这样的期待，领导进行了面谈，结果……

## STEP 1 回顾你的计划

| | | |
|---|---|---|
| **计划** | | **在这段经历开始前，你有怎样的计划？**<br>通过一些开放式的问题，引导他说出藏在内心深处的个人生涯愿景 |
| **对结果的假设** | 假设<br>（观点） | **你对这段经历做了怎样的假设？**<br>部下心里应该有一幅生涯愿景了，虽然可能还比较模糊 |
| | 假设的<br>前提<br>（经历） | **这一观点（假设）背后，是怎样的过往经历（包括你所知道的知识）？**<br>我曾经也不能用自己的语言把个人生涯愿景表达出来，但当时带我的前辈问了我一些问题，帮助我明确了自己的愿景 |
| | 假设的<br>前提<br>（情感） | **这段经历连接着一种怎样的情感？**<br>高兴 |
| | 假设的<br>前提<br>（价值观） | **从中可以看出，你所重视的价值观是什么？**<br>愿景，是可以通过提问引导出来的 |

## STEP 2 预想的结果与实际的结果

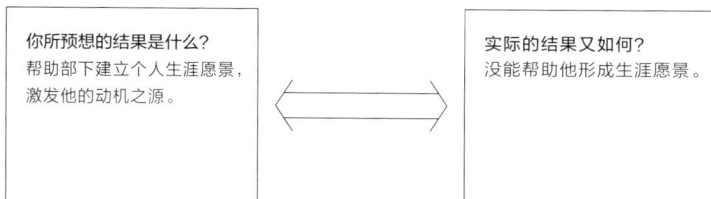

你所预想的结果是什么?
帮助部下建立个人生涯愿景,
激发他的动机之源。

实际的结果又如何?
没能帮助他形成生涯愿景。

## STEP 3 回顾经历本身

回顾经历本身

**这是一段怎样的经历?**
通过开放式问题,我反复提问,想要引导他说出深藏在心中的生涯愿景
但经过一小时的对话,我意识到,这位部下虽然很优秀,虽然很认真地做着现在的工作,但并没有认真考虑过自己未来的职业生涯

**在这段经历中,顺利的事情是什么?**
我知道了:他觉得现在的工作很有价值,并且投入度很高
我知道了:没有个人生涯愿景,这件事并未令他感到不安
我还知道了:他对于现在的工作很满足,并且切身感受到了自己通过这份工作而获得了成长

**在这段经历中,不顺利的事情是什么?**
我知道了:部下没有思考自己的生涯愿景的习惯

**这段经历连接着一种怎样的情感?**
惊讶、高兴

## STEP 4 从这段经历中获得的经验

| | |
|---|---|
| 原因 | （顺利）你认为为什么会这么顺利？<br>（不顺利）如果能够回到一切刚开始的时候，你会做出怎样的改变？<br>（不顺利）<br>在这次对话的一开始，我应该先给他解释建立个人生涯愿景的意义，以及给他举一些其他同事的生涯愿景的例子 |

## STEP 5 总结经验

| | |
|---|---|
| 经验 | 通过这次反思，你搞清楚了哪些东西？<br>试着把它们总结成通用的经验吧<br>就算是优秀的部下，也不一定有自己的生涯愿景。<br>并不是所有人都像我一样，想要自己主导自己的生涯发展轨迹<br>并不是所有人都知道构建生涯愿景的含义与意义，以及应该如何构建生涯愿景 |

## STEP 6 行动计划

| | |
|---|---|
| 行动计划 | 在接下来的行动中，你将如何活用学到的东西？<br>制作PPT，简单明了地向他说明生涯愿景是什么意思，拥有生涯愿景有什么重大意义，以及具体应该采取怎样的行动 |

## STEP 7 疑问

| | |
|---|---|
| 疑问点 | 现阶段，还有哪些没有学会的、感到疑惑的东西？<br>生涯愿景是如何在人们心中形成的呢？<br>有没有什么经历，是构建生涯愿景所必需的？ |

# 从经验中学习的反思 简易版

你所预想的结果是什么？
通过自我介绍，让大家对我产生好的印象。

⟺

实际的结果如何？
我按照事先准备的那样，完成了自我介绍，所以我觉得大家应该对我有了好的印象。但因为有点紧张，所以可能没能让大家觉得我是一个"阳光、乐天"的人。

| 计划 | 计划 | **你制定了怎样的计划？**<br>因为是在线上进行自我介绍，所以在正式介绍之前，我准备了PPT，并进行了练习 |
|---|---|---|
| | 假设 | **你的计划背后是一种怎样的假设（判断标准）？**<br>用PPT的话，比仅用嘴说能够传达更多的信息<br>事前练习，能让我讲起来更加流畅 |
| 经历 | 经历 | **这是一段怎样的经历？有哪些顺利和不顺利的事情呢？**<br>因为事先练习了，所以讲起来很流畅<br>我有点紧张，所以表达有点生硬 |
| | 情感 | **这段经历连接着一种怎样的情感？**<br>（自我介绍时）紧张<br>（结束时）松了口气<br>（之后）有点遗憾 |
| 经验 | 从经历中学到了什么 | **（顺利）你认为为什么会这么顺利？**<br>**（不顺利）如果能够回到一切刚开始的时候，你会做出怎样的改变？**<br>○因为事先练习了，所以说得很流畅<br>△事先预判到自己会紧张、用词会变得生硬，所以预先在PPT里加入一些有趣的元素，进而展现自己幽默风趣的一面 |
| | 总结经验 | **通过这次反思，你搞清楚了哪些东西？**<br>自我介绍的时候，除了分享自己的信息之外，向大家传达自己的特点也很重要。要认真思考一下，在正经的自我介绍中，如何表现自己阳光乐天的个性 |
| | 行动计划 | **在接下来的行动中，你将如何活用学到的东西？**<br>思考如何在严肃的自我介绍中，展现自己阳光乐天的个性 |

拉上几个小伙伴一起，针对某段经历进行反思，能够收获更多的经验。

每段经历都是一个庞大的情报库，从中我们会选择哪些内容进行反思，又会赋予这段经历怎样的意义，这都是因人而异的。因为我们每个人在认知一段经历时，都会很自然地带入自己的主观偏见。

通过与小伙伴一起进行这类反思，我们就能很容易地发现自己意识到了什么，同时又忽略了什么。因此，我们需要学会和小伙伴分享自己学到的东西，同时从别人那里获得自己单独反思时无法获得的经验。

## 本节要点

○ 不要反省过去，而是要通过反思，将经历变为智慧。

○ 从经历中找出普遍适用的法则，升级你的固有观念。

○ 给经历赋予各种意义，并从中挑选经验进行学习的，是我们自己的认知（感知与判断）。回顾一段重要的经历时，记得寻求他人的帮助。

# 从多元的世界中学习

这一部分，我将向大家介绍"对话"这种学习方法。大家可能容易把"对话"看作是一种沟通的手段，但实际上，对话是支撑我们进行一切学习的基础。

我们的认知的局限性，决定了我们只能从某个侧面看待事物。因此，我们个人的判断都是依存于有限的经历与知识的。而且，为了拓宽自己的视野，更深入地思考问题，并且学会逆学习（主动抛弃已学到的东西），对话这一学习方式也是必要的。

所谓对话，是指在反思自身看法之后，保留自己的判断与评价，并换位思考地看待他人意见的一种倾听与说话的方式。因此，不会反思的人，自然也就不会对话。

对话分为三个步骤。

■ 步骤1　使用认知四要素框架对自己的想法进行反思
■ 步骤2　控制自己的情感，保留自己的判断与评价
■ 步骤3　使用认知四要素框架倾听对方的意见，换位思考，产生共鸣

重要的是，不仅要尝试和与自己意见相同的人对话，同时也要尝试和与自己意见不同，甚至是完全无法产生共鸣的人进行对话。

通过对话，加深思考，尝试多方面多角度地看待事物，这是学习的基础行为。多年来的学校教育强调正确答案一直掌握在老师的手中，这使我们形成了"正确答案只有一个"的固有观念。因此，一开始你或许会认为对话纯粹是在浪费时间。但是，在当下的时代，想要像过去那样，光靠我们自己掌握的知识与观念就给出答案，已经没有那么简单了。当我们遇到一些没有正确答案的问题时，我们可以通过对话，来找出答案。

一位曾在美国常春藤联盟某大学留学过的同学在跟我讲述留学故事时，提到了一段在日本的大学没有经历过的学习体验。

在某节课上，一个学生对一位物理学教授说"你的想法太天真了"，而这位教授曾获得过诺贝尔奖。教授对于这位敢于挑战自己看法的学生表现出了欢迎的态度，并问这名学生"你为什么这么觉得"。二人展开对话后，其他学生也慢慢加入进来，整个班级进行了十分深入的对话。一位同学略带刺激性的发言，带动了教授认真思考，同时又进一步刺激了其他同学进行思考……这便是"对话"的妙趣所在。

对话，是让我们可以客观审视自己，进行反思的机会，同时也是让我们走出自己的小世界，向外面的大世界学习的机会。了解这大千世界中形形色色的新观点，对于提升我们思考的灵活性与创造性是非常重要的。

## 活用认知四要素框架的对话

一般来说，在会议等场合阐述各自观点的时候，我们往往会把重点放在解释"我的观点有多么正确"上面。在理想状态下，我们自己的解释说明要思路清晰，同时其他人也没有提出反对意见。而我们的最终目标是让所有人都能赞同自己的想法。

但实际上，在对话的时候，吸收各式各样的观点，而不是一味地坚持自己的想法，能让你的观点经历千锤百炼，更加完美。我们应努力理解其他人各不相同的判断标准，进而提升自己的观点的质量。因此，在对话的过程中，我们需要把目光投向观点背后的判断基准与观念上。

其前提在于，不是一味地让大家接受自己的观点，而是展示出一种以自己的观点为对话的主题，和与会人员互相学习，以找出最优解为最重要目标的姿态。如果能在会议上活用对话这一方法，会议就能成为大家集思广益、共同寻找最优解的地方。

在对话的时候，我们不应该执着于让别人认同自己的想法，而是应该学会保留自己的判断与评价。因为只有学会保留自己的判断与评价，你才能跳出自己的小世界，去拥抱别人的大世界。保留自己的观点，去倾听与你的观点完全相反的看法，这就是对话的规矩。

倾听，并不意味着你必须赞同对方的观点。但是，你需要设身处地地理解对方的想法。这时候，认知四要素框架就派上用场了，把这个方法直接套用到对方的观点上就可以。

即使是你完全无法赞同的观点，只要从以下 3 个角度去倾听，你也能设身处地地去看待对方的看法。

■ 对方会有怎样的经历呢？

■ 他的这一观点背后会连接着怎样的情感呢？

■ 因为对方看重哪些东西，才会坚持自己的这一观点？

如果能直接提问，就找对方本人问一下看看。如果能，就边听对方的发言，边自己想象一下。不论是怎样的观点，其背后一定存在着经历、情感与价值观。

通过对话，我们能够清楚地认识到，在我们自己的小世界之外，还有哪些经历与观念是我们未曾接触过的。如果只是针对自己的内在进行反思，是无法拓宽自己的格局的。通过践行反思与对话两种手段，可以将我们的小世界之外的经验，吸收转化为自己的东西。

如果能够养成习惯，用认知四要素去剖析对方思考的背景，我们就能明白，那些提出反对意见的人，其根本目的其实并不是反对我们的观点本身，而是"维护他所重视的价值观"。如果你搞清楚了这一点，以后即使遇到了反对观点，心态应该也会好很多。

自我反思　　　　　观点　　　　对他人意见的共鸣

为什么这么想　　　＋　　　　为什么这么想

其前提是怎样的　　　经历　　　　其前提是怎样的
经历与知识　　　　　　　　　　　经历与知识

抱有怎样的情感　　　情感　　　　抱有怎样的情感

进行了怎样的价值判断　价值观　　　进行了怎样的价值判断

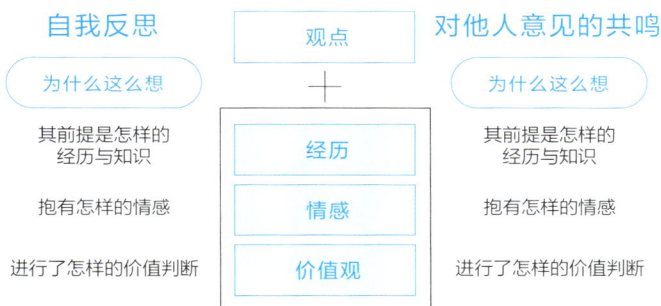

POINT
要点　　使用认知四要素框架，倾听对方的观点

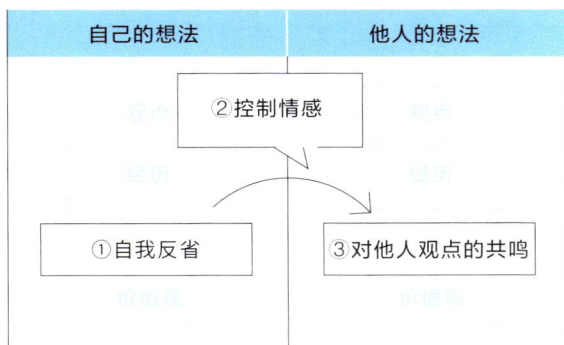

| 自己的想法 | 他人的想法 |
|---|---|
| ②控制情感 | |
| ①自我反省 | ③对他人观点的共鸣 |

POINT
要点　　通过与观点相左的人产生共鸣，可以走出自己的
　　　小世界，从更大的世界中学习。

图 1-12 活用认知四要素框架的对话模式

061

对话的习惯，也可以应用到与人的对话之外的情景中。当你遇到了一些让你感到惊讶、违和的东西（比如时代的变化、各类新闻等等）时，就意味着你又接触到了自己所不知道的大世界。

这种时候，就可以通过反思，看看自己为什么会感到惊讶或违和。

在我们未知的世界中，有着怎样的经历与价值观？有意识地去探索新世界，就可以逐渐拓宽我们自己的小世界。

## 本节要点

○ 把对话看作审视自己内在的机会，即使在对话中，也要养成使用认知四要素框架进行反思的习惯。

○ 倾听他人观点时，学会控制情感，保留自己的判断与评价。

○ 倾听他人观点时，不要加入自己的解释（不要带入自己的经历与价值观），而是用认知四要素去分析他人的观点。

○ 通过对话，从多元的大世界中学习，拓宽自己的小世界。

# 学会逆学习

"逆学习（Unlearn）"，是在"Learn（学习）"的基础上，加上表逆向动作的"Un"后形成的单词，指抛弃过去学到的东西（成功经历）的行为。

如果你已经掌握了通过对话客观审视他人观点的技巧，那么接下来，就可以开始学习如何通过"逆学习"，打破束缚自己的外壳，拥抱新的世界。在这一部分内容中，我们将借助反思的力量，抛弃那些在过往经历中学到的东西。

随着时代的发展而逐渐变得过时、陈旧的，并不只有知识。只有那些能始终向前看，积极主动地改变自己思维模式的人，才能够收获幸福的人生与成功的职业生涯。

# 逆学习
## （Unlearn）

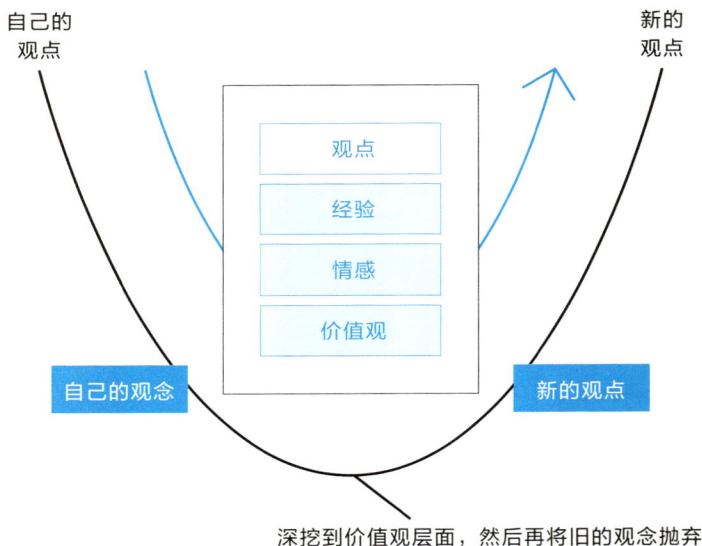

图 1-13 通过反思，进行逆学习

POINT
要点

■当基于自身经历的旧观念成了我们前进的障碍，就需要借助逆学习的力量将它抛弃。

■提升元认知力，能够帮助我们轻松抛弃基于过去成功经历的旧观念。

此外，逆学习也能帮助我们更好地创造新的价值。拥有灵活思考能力的人，能够将自己的固有常识放在一边，以一种完全不同的框架与前提去看待事物。

借助反思的力量去进行逆学习，其根本目的在于改变你的固有观念，让你以一种全新的前提去看待事物。在阅读以下内容前，请先记住这一点。

## 遇到瓶颈时，就试试逆学习吧

当你发现过去的做法或观念不再有效时，就可以尝试进行"有利于逆学习的反思"。

即便采用了过去通用的成功做法，但眼前的工作做起来还是有点不顺的时候；或者工作环境与社会环境发生了较大的变化，过去的做法显然已经不再适用的时候，这种反思就会派上用场。

当你为了某个目的而拼命努力的时候，你的创造性张力就会告知你逆学习的正确时机。当你产生了"这样做真的可以吗"之类的疑问，或者担心是不是应该针对当前的做法进行一些改变、调整，总之对当前的做法产生某种违和感时，逆学习的时机就已经到来了。

另外，构建愿景，激发动机之源，能很好地帮助我们及时意识到逆学习的最佳时机。如果你实现理想的愿望（创造性张力）非常强烈，你就能清楚地意识到，如果只是维持现状的话，等待自己的绝不会是光明的未来。

做事情目标明确的人，能够很快察觉到过去的方法已经过时、无效了。但很多时候，为了打破僵局或者瓶颈，我们会选择优化旧方法，而不是彻底抛弃它。比如，如果上门拜访了 50 个客户，业绩还是没有起色，那么就把计划目标改成拜访 80 个客户。

但是，大部分人并不会从自己身上找问题。比如，是不是客户的需求发生了变化，而自己传达给客户的内容没有及时做出调整，如果是这样的话，就算拜访再多的客户，也无法获得想要的成果。

当某件事情陷入瓶颈时，在寻找外界原因之前，请先对自己的内在因素进行反思。在尝试不同的做法之前，先检查一下是不是自己的观念存在问题。"有利于逆学习的反思"，应该能够成为你成长的强大动力。

## 通过逆学习，将新世界"变成自己的东西"

在逆学习的过程中，我们将抛弃旧世界，步入一个新的世界。而在这一过程中，很关键的一步是，我们需要通过想象生活在新世界的人们的样子，或者实际听取他们的经验，去间接体验那个新的世界。

如果在逆学习的过程中，我们只是"为了学习而学习"，只是被迫接受了某种新的观念，那么逆学习是无法产生效果的。这也是我说这一步很关键的原因。要想让逆学习取得成功，我们就必须打心底里完全认同某种新的观念。因此，我们需要创造与新的观念相连接的、积极正面的经历与情感。

如果只是被动地改变自己，那就无法从真正意义上接纳新的思维模式，不管在工作中如何实践，我们的思维方式也都会重新回到过去的样子，也就无法保持新思维的一贯性。

而且，如果我们无法从价值观层面完全理解新的世界，总有一天，又会开始基于过去的成功经验进行价值判断。

逆学习的目标在于，将新世界变成自己的东西，在进行任何判断时，都能进行和这个世界相符合的思考。否则，面对这日新月异的世界，我们就只能被动地去适应变化，大家不觉得这样的人生很无趣吗？

通过"有利于逆学习的反思"，我们就能从价值观层面去理解变化，接纳变化，进而学会逆学习的正确方法。面对变化，能够主动地去适应它，而不是处于被动。

## 实践 有利于逆学习的反思 简易版

接下来，我将向大家介绍两种"有利于逆学习的反思"的实践方法。这种反思的难度较高，因此，我将在介绍完简易版的实践方法后，再向大家介绍完整版的方法——有利于自我变革的反思。

有利于逆学习的反思（简易版）分为以下三步。

- 步骤 1  反思过去的成功经历
- 步骤 2  尝试想象新的世界
- 步骤 3  逆学习

成功经历的世界

控制情感，保留判断与评价

逆学习后的世界

观点

经历

情感

价值观

观点

经历

情感

价值观

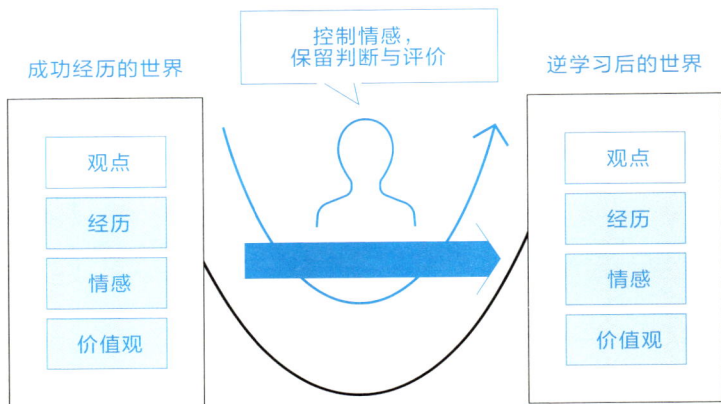

图 1-14 逆学习的技巧 重视对话的思维模式

POINT
要点

■为了让逆学习成功，需要经过3个步骤。

步骤1：反思过去的成功经历；

步骤2：尝试想象新的世界；

步骤3：逆学习。

■请注意，在开始第2步之前，要控制好自己的情感，保留自己的判断与评价。

## 步骤 1 反思过去的成功经历

### • 对过去的回顾

试着回顾一下过去的成功经历吧。

### • 价值观

通过这段经历，你形成了怎样的观念与判断标准（价值观）？

### • 情感

这段成功经历连接着一种怎样的情感?

第 1 步的重点，是搞清楚过去的成功经历是怎样的，以及从中产生的观念是与怎样的情感相连接的。

如同我在前文中提到的，实际上，逆学习的困难之处，并不在于放弃既有观念，而是在于放弃与既有观念相连接的情感。因此，要通过反思，准确把握从成功经历中感受到的情感，不要从理性角度，而是从感性角度去搞清楚自己不想放弃什么东西。这一点非常重要。

许多人会跳过这一步，在没有形成主观积极性的前提下，直接开始逆学习。但是，如果你没能彻底放弃过去的成功经历，只是强行变更自己的意见的话，新的观念永远不会成为你自己的东西。

要想彻底抛弃过去的成功经历中形成的旧观念，首先需要搞清楚，我们自己给过去的经历赋予了怎样的意义。

"过去的成功经历，以及这段经历中所形成的观念，是支撑我走到现在的宝贵财富。"请大方地承认这一点，肯定过去经历所起到的积极作用。

到这一步，我们还不需要急于和过去的成功经历说再见。请再和过去的自己多待一会儿。

**有利于逆学习的反思**

A 是某公司的部门经理，业务能力优秀，领导力与包容力也很强，能够带动整个组织前进。公司对 A 的领导力评价很高，于是将他分配到了数字化转型（DX）新业务开发团队。公司希望这一团队能够取得一些创新性的成果，因此，该团队需要的不是上意下达的管理模式，而是一种扁平、开放的团队氛围。A 虽然知道自己过去的做法在这个团队中已经行不通了，但是……

## STEP 1 对过去成功经历的反思

| | |
|---|---|
| 对过去的回顾 | **回顾一下过去的成功经历吧。**<br>学生时代参加的社团活动中，理所当然地存在上下级关系是理所当然的东西。在低学年的时候，我就很崇拜能力强的前辈们。为了让自己也能成为像前辈们一样优秀的人，我拼命练习。在这一过程中，我自己获得了不少成长。而当我进入高年级的时候，为了能够成为令后辈尊敬的榜样，我也没有停下努力的脚步。上下级关系是一种尊敬与被尊敬的关系，这一点我觉得非常重要<br>虽然社团的教练、前辈们都很严格，但也正是多亏他们的严格，才有了今天的我。参加社团期间形成的不到最后不放弃的强大精神力，以及在成功之前坚持努力的良好习惯，在后来的工作中也都能够派上用场。虽然有时候我也会觉得很累，但因为有其他伙伴们和我一起努力，所以我最终坚持了下来<br>在步入社会之后，我将社团活动中学到的经验活用到了组织管理上。刚进公司的时候，作为新人的我，也是跟在前辈身后，为了能早日成为前辈那样的人而努力工作。随着在公司待的年数越来越长，我也当上了经理，但即便如此，为了能给部下们树立个好榜样，我也还是在努力工作。团队成员们也很信任我 |
| 价值观 | **通过过去的经历，你形成了怎样的观念与判断标准？**<br>要尊敬前辈，前辈是信任我的<br>后辈要以前辈为榜样，努力成长进步<br>团结一致的组织，有纪律和团队文化的组织<br>彼此信赖、互相连接的人际关系 |
| 情感 | **这段成功经历连接着一种怎样的情感？**<br>（有值得崇拜的前辈）高兴、自豪<br>（以前辈为目标而努力）辛苦、喜悦<br>（和其他成员切磋技术）喜悦<br>（通过社团活动获得了成长）高兴、自豪、自信 |

## 步骤 2 尝试想象新的世界

### · 采访

想象逆学习后的新世界，或者直接去采访一下生活在新世界里的人。

### · 认知四要素框架

反思一下自己通过这些采访明白了什么。

即使到这一步，我们也还不需要抛弃自己在过去的成功经历中形成的观念。这一步的重点，是保留自己的判断与评价，想象、俯瞰新世界。如果觉得光靠自己的力量还无法想象，那就听一听活在新世界里的人们的经验之谈吧。想象的能力，也是我们进行逆学习时所需要的重要技能之一。所以，请一定通过他人的经验之谈，去间接了解一下新世界的样貌。

## STEP 2 试着想象一下新世界

A 认为，光凭自己的力量，要想象一个扁平化的组织是什么样子会很困难，所以他决定找一位同事咨询一下，这位同事的团队引入了"敏捷开发"的开发模式。

| | |
|---|---|
| 采访 | **引入"敏捷开发"的团队的成员的经验之谈**<br>导入敏捷开发之后，团队的8名成员就开始一起制订计划<br>在开发过程中，每日、每周、每月，团队成员都会一起回顾上一周期的行动与成果。这种开发模式能让团队成员根据目标制订各自的计划，并随时确认自己为团队做出了多少贡献。这也是敏捷开发的特征之一。团队成员们可以通过回顾，针对计划提出修改建议<br>为了达成各自的使命，每个成员都会积极发挥自身的主体性，这是扁平化组织的魅力所在。这种组织并不信奉"上下关系"，所有成员都把规则视为"需要互相遵守的约定"。因此，扁平化的组织并不是所谓的无序之地<br>这位成员认为，团队成员们彼此信任，互相尊重对方的存在。在这样的团队中，可以切身感受到大家工作的时候都充满了动力 |
| 通过采访，<br>我知道了<br>什么 | **通过采访，我知道了扁平化组织也是有许多魅力的。**<br>首先，团队成员的主体性显然很高<br>以自我管理为前提，所有成员都能积极主动地就团队的工作计划提出修改意见，这样的团队模式，我迄今为止都没有经历过<br>此外，我还清楚地认识到，扁平化的组织会不会成为一个混乱的无序之地，取决于这个团队的领导者<br>只要把组织框架整理清楚，把团队的目的与使命清晰地传达给所有团队成员，我也应该可以管理好一个扁平化的组织<br>扁平化组织的工作方式，和我目前为止的做事方法的区别在于，需要向成员展示明确清晰的组织框架，以及团队成员要一起制订计划、回顾成果。我意识到，在扁平化组织中，任何事情，都不是由我一个人的意志决定的 |

| | 采访之后进行的反思<br>使用认知四要素框架整理一下，通过这次采访，你明白了什么 |
|---|---|
| 观点 | 要从重视上下关系的组织转移到扁平化的组织，对于这件事，我的心里多少有点抵触。但通过这次采访，我发现这两种组织形式其实有很多相同点。感觉我在扁平化的组织中也能够取得不错的成果<br>再加上，扁平化组织中的成员们各自的主体性很高，所以在这样的组织中工作，也能促进我自身的成长<br>组织的整体秩序能得到保证；人际关系也不会因为扁平化而变得疏远；成员之间也能互相尊重 |
| 经历 | 在上述的采访中听到的东西 |
| 情感 | （第一次接触扁平化组织）有点忐忑<br>（感觉值得期待）激动 |
| 价值观 | 规则、责任、成长、主体性、人际关系、信赖与尊重 |

## 步骤 3 逆学习

**• 收获**

通过步骤 1 和 2，你搞清楚了什么东西？

**• 逆学习**

你将抛弃哪些旧观念，又将学习哪些新观念？

在第 2 步，我们开始想象、俯瞰自己世界之外的大世界，而在这一阶段，逆学习就已经开始了。而在第 3 步，我们则需要搞清楚自己要抛弃什么东西，所要学习的新的观念又是什么，而且还要用自己的语言清晰地表达出来。

## STEP 3 逆学习

| | |
|---|---|
| 逆学习 | **通过步骤1和2，你搞清楚了什么？**<br>**你将抛弃哪些旧观念，又将学习哪些新观念？**<br>我明白了，即使我调动到了一个扁平化的组织里，在过去的成功经历中逐渐建立起来的自信与自尊心也是不需要抛弃的<br>另外，我需要抛弃"组织的扁平化，就意味着重视规则、责任、信赖、尊重的人际关系的缺失"这种陈旧的观念<br>除此之外，我还需要抛弃"用指示、命令去指挥员工行动"这种行为方式<br>这样的话，逆学习就完成了 |

## 实践 有助于自我变革的反思 完整版

接下来我将向大家介绍如何通过反思去实现自我变革。成人学习发展理论的专家罗伯特·凯根在其著作《变革为何这样难？哈佛式自我变革的理论与实践》中介绍了"变革免疫"这一理论，对人类的自我变革机制进行了解释。本部分向大家介绍的反思，就是参考了"变革免疫"。

罗伯特·凯根认为，人之所以难以做出改变，是因为每个人心中有着根深蒂固的固有观念。想必各位读者也会有这样的经历：虽然自己很想改变，但不知为什么就是做不到。这是因为，在你心中同时存在着"想要改变自己的理由"和"不想要改变自己的理由"。通过同时对这两者进行反思，帮助你实现想要的变化，这就是有助于自我变革的反思。

我们将这一反思分为 5 步。

我将结合接下来的例子，和大家一起确认每一步的含义与目的。

## 步骤 1：选择自我变革的主题

• 观点

这次自我变革的主题（目标的大致方向）是什么？

• 经历

这一主题背后，是怎样一段经历？

• 情感

这段经历背后连接着怎样的情感？

• 价值观

从中可以看出，你所重视的价值观是什么？

| WORK 小作业 | 自我变革的反思 |
|---|---|

在这一例子中，我的目标是"改善自己对不愿意做出改变的人的看法"。

## STEP 1 选择自我变革的主题

| | |
|---|---|
| 自我变革目标的主题（观点） | **这次自我变革目标的大致方向是什么？**<br>就算是面对不想改变的人，也能像对待想要改变的人一样，用温和耐心的态度向其解释变革的重要性<br>所谓不想改变的人，就是那些没有认识到变革的必要性，以及（看上去）认为维持一直以来的做法就可以的人。这些人往往是董事、部长等职位较高的人 |
| 经历 | **这一主题背后，是怎样一段经历？**<br>我觉得这些人并不想要改变，也不打算去了解改变的重要性，因此，在和他们对话的时候，我就会变得没有干劲儿，说话也会变得拖泥带水，不干脆<br>我知道他们心里在想什么，所以最终默默接受了他们不愿改变这一事实<br><br>"但是，如果不做出变革，将来只会更加糟糕……"抱着这样的担忧，我结束了会议。心里只剩下负面情感、压力与徒劳感 |
| 情感 | **这段经历背后连接着怎样的情感？**<br>遗憾、难过、生气、郁闷、紧张、压力 |
| 价值观 | **从中可以看出，你所重视的价值观是什么？**<br>好的变化、进步、学习，身为领导应该肩负的责任 |

**步骤 2：为了确定自我变革的目标，明确改善前的行为及其引发的负面心理**

• 行为

在自我变革前，你的行为是怎样的？

• 情感

这种行为引发了你怎样的负面心理（恐惧 / 担忧等）？

**步骤 3：深挖情感背后的价值观（探求根深蒂固的固有观念）**

• 价值观

你是因为重视什么东西，所以才会有这样的负面情绪？试着找出情感背后的价值观吧。

• 经历

这种价值观是通过怎样的经历形成的？

• 积极影响

这种价值观在哪些时候帮到了你？

• 消极影响

这种价值观在哪些时候阻碍了你？

## STEP 2 为了确定自我变革的目标，明确改善前的行为及其引发的负面心理

| | |
|---|---|
| 行为 | **在自我变革前，你的行为是怎样的？**<br>用词、语气变得委婉<br>避免使用太直接的表达<br>说话时感到紧张<br>每句话用的单词变少<br>"的确是很难呢"之类表达同感的话变多<br>告诉对方我很理解他们<br>感到无力，很累 |
| 情感 | **这种行为引发了你怎样的负面心理（恐惧/担忧等）？**<br>因为无法改变现状、拿不出成果而产生的无力感<br>对未来的绝望<br>浪费了机会，感到遗憾<br>担心被对方发现自己认为他们很不负责任<br>担心被对方发现自己不尊敬他们<br>对不能相信未来的自己感到厌恶<br>对消极的自己感到厌恶 |

## STEP 3 深挖情感背后的价值观（探求根深蒂固的固有观念）

| | |
|---|---|
| 价值观 | **你是因为重视什么东西，所以才会有这样的负面情绪？**<br>**试着找出情感背后的价值观吧。**<br>身为领导应当肩负的使命<br>责任<br>推进变革<br>为构建更好的未来做出贡献<br>对未来的承诺<br>相信可能性<br>重视积极的心态 |
| 经历 | **这种价值观是通过怎样的经历形成的？**<br>我生在一个家族企业。从小我就经受了各种领导者的熏陶。<br>面对石油危机等一系列经营危机，我们家族所有人都团结一致，共同努力，以期顺利度过危机<br>公司的创始人一直秉承"一人一业"的经营思想，但随着时代的变化，公司必须做出业务变革。于是，在创始人去世后，我的父亲作为接班人接管了公司，并花了很大的力气去实现公司的业务转型。就是在那个时候，我的心中形成了"不变革，就会死"这一强烈的信念。另外，也是在那个时候，索尼的创始人盛田昭夫先生收购了一家电影公司，让索尼从一家电子机器制造商转型为了一家内容业务公司。看到他作为创始人，去亲自推动公司的变革，这让我产生了非常强的崇拜感 |
| 积极影响 | **这种价值观在哪些时候帮到了你？**<br>它让我能不断产出成果<br>它是我前进的推动力<br>它让我能不断创造变化<br>它让我成为一个负责任的人<br>它让我始终相信未来的可能性<br>它让我即使在危机面前，也不会忘记积极乐观的重要性 |
| 消极影响 | **这种价值观在哪些时候阻碍了你？**<br>做任何事的时候，如果我感到有上限，就会感到受拘束<br>如果被他人要求停下来、维持现状，我就会感觉自己失去了存在的理由<br>如果没有人要求我产出结果，我的整个人都会瘫痪<br>如果不能对某件事的未来与可能性保持信心，我的心情就会变差。心情变差的话，这件事就做不好 |

## 步骤 4：明确自我变革的愿景

### • 明确变革目标

想要改变自己的什么东西？

### • 构建愿景

实现这一变革目标的话，会有什么好处？

你是为了获得什么东西而挑战自我变革的？


## 步骤 5：思考行动计划

### • 第一步

首先，我应该做什么？

### • 成功的评价基准

第一步怎样才算是成功了？

### • 时机

什么时候进行第一步反思？

### • 最终目标

你的最终目标是自己发生怎样的改变？

## STEP 4　明确自我变革的愿景

| | |
|---|---|
| 明确变革目标 | **你想要改变自己的什么东西？**<br>我希望自己在和（看起来）不思进取的人对话时，能试着从对方心中找到可能激发他们推动变革的东西，并针对这些东西，用和积极乐观、向前看的人说话时一样的积极性、语调和用词与其交流<br><br>我希望自己的干劲儿不要受到（看起来）消极的人的影响 |
| 构建愿景 | **实现这一变革目标的话，会有什么好处？**<br>**你是为了获得什么东西而挑战自我变革的？**<br>为了履行我的职责。因为有人拜托我去改变这些（看起来）消极的人<br>另外，对于公司和组织来说，这些人能否产生推动变革的想法，是非常重要的 |

## STEP 5　思考行动计划

| | |
|---|---|
| 第一步 | **首先，我应该做什么？**<br>下次再遇到这种情况，在和他们对话时，我会在脑中想象出一个具体的架空人物，想象这个人也在现场，他非常乐观积极，并且对我说的东西很感兴趣 |
| 成功的评价基准 | **第一步怎样才算是成功了？**<br>在和对方沟通时，我能始终保持合适的语调及干劲儿<br>我能始终保持积极的心态，相信对方一定会做出改变 |
| 时机 | **什么时候进行第一步反思？**<br>下次会议之后 |
| 最终目标 | **你的最终目标是，自己发生怎样的改变？**<br>能打心底里相信对方会发生变化 |

随着我们职业生涯的发展，逆学习也会变得越来越重要。在大家的周围，是不是也有执着于过去的成功经验，不肯放手的人呢？或许现在还没有，但为了以后也不出现这样的情况，从现在开始，请大家养成反思的习惯，锻炼自己思考的灵活性吧。对于那些渴望成长，想要努力向上攀登，会给自己定较高目标的人，或者是即将面对迄今为止从未经历过的重大挑战的人来说，自我变革的习惯尤其重要。当我们活跃的舞台发生改变时，往往需要放弃过去的成功经历，想办法去学习一些新的观念。

只有那些能够正视、赞赏过去的经历，同时又能向前看，并积极改变自己的人，才能获得持续的成长，获得自己想要的东西。

实际上，公司所有者都是希望业务领导们能够将逆学习变成整个团队的一种文化的。所以，除了修炼自己的逆学习能力之外，也不要忘记帮助他人一起进行逆学习。"恐惧、担忧等负面心理"，是我们进行逆学习前必须跨越的障碍。如果能够不断克服这些负面情绪，你就会发现，逆学习前感知到的压力，其实是美好未来到来前的征兆。

## 本节要点

○ 工作生活的瓶颈，其实是逆学习的大好机会。

○ 逆学习将带你进入一个新的世界，为了更好地理解这个新世界，要充分发挥自己的想象力。

○ 逆学习的过程中，只需抛弃那些错误的观念，同时保留对成功经历的美好回忆。

○ 通过反思，进行元认知，以确认逆学习中所习得的新观念，是否已经与自己融为一体。

# 第 2 章 领导力篇

## 成为一名"真诚"的领袖

# 激发成员主体性的团队型领袖

在第 2 章中,我将向大家介绍如何通过反思提升自己的领导力。

在本书中,我们将"领导力"定义为,通过自己的言行与存在,促使其他人也积极主动地做事的影响力。

一名领袖心中应该拥有对于未来的某种预期(目的、目标、愿景等)。而领袖们发挥自己影响力的最终目的,就是为了实现这些预期。

随着时代的变迁,人们对"领导力"的定义也在发生着变化。因此,我们需要弄清楚当今时代对于领袖们有着怎样的要求。过去,要产出成果,离不开领袖的决断力以及组织的执行力,因此,个人魅力很强的领袖更受社会的青睐。但现在,为了取得优异的成果,领袖们需要具备孕育新价值的能力,以及灵活适应变化的能力。因此,能让团队中所有人都发挥自己领导力的"团队型领袖"更受欢迎。

魅力型领袖能够让属下们按照自己的命令去行动。例如,在遇到危机,需要调动全员的力量渡过难关时,这种领袖就能让自己的意志瞬间体现在团队的行动上。但是,如果一直维持这样的领导模式,成员们就会习惯于按照领导的指令去行动,久而久之,整个团队都只会干坐着,等待领导下命令。因此,各位魅力型领袖们,请注意检查一下自己打造的团队的成员们是否拥有主动、独立思考的能力,同时还要注意将自己的判断告诉给成员们的时机与方式。

团队型领袖的特点是能够激励所有成员都发挥自己的领导力。

一个团队中的每位成员都有着各不相同、五花八门的才能。例如，有些人擅长逻辑思考，在厘清工作的整体逻辑时是不可或缺的存在；也有人擅长计划、安排；同时也会有人擅长营造轻松愉快的团队气氛；还有人能时刻保持冷静，擅长分析。如果每个人都能通过发挥自己的强项，为团队贡献自己的力量，那么每位成员的强项就会变为整个团队的强项。

团队型领袖，并不坐镇于金字塔的顶端，而是致力于创造一个扁平化的组织，并在这样的组织内发挥自己的领导力。

在这一过程中，关键是要让整个团队拥有目标和愿景。虽然这两者都是眼睛看不到的抽象的东西，但如果能够存在于每个成员的心中，对于整个团队来说是非常有益的事。详情我将在第 4 章中进行阐述。但总之，一名团队型领袖，需要通过构建团队的共同愿景，将每个人的动机之源联系到一起，让每个人都对团队的目标产生主人翁意识。而要做到这一点，就需要把反思和对话作为团队的武器，加以运用。

## 成为真诚的领袖

"真诚的领袖"来自英文"authentic leader"，意思是"真实的领袖"。第一次听到这个词的时候，我还误以为是"无限接近领袖该有的样子"，即"真正的领袖"的意思，但后来才知道，它其实是"对自己无限坦诚"的意思。真诚的领导力，指的是"展现真我的领导力"。

真诚的领袖，善于发挥团队成员有的而自己没有的长处。一个真诚的领袖，不管是自己的长处还是短处，他都能坦然接受，同时又有自己坚定的原则。这样的领袖，能够令团队感到安心。

在我所留学的商学院里，有一节专门讲领导力的课，叫做"权力与影响力"。在课程的最后，教授也向我们传达了同样的理念。

"在这堂课中，我们通过了解伟大的领导者们的真实经历，学习了什么是领导力。但是，只是模仿他们的话，是无法成为真正的领袖的。所谓领导力，是以每个人的个性为基础，由每个人自己造就的。想必大家也不愿意跟随一个只会东施效颦的领导吧。"

我还清楚地记得，当时的我，边听教授这番话，心中还在大声吐槽："我还以为上了商学院，就能学会领导力呢！"后来，当我自己成为领袖，有了领导团队的经验之后，才终于明白了教授说的完全没错。

要提升自己的领导力、磨炼自己的商务技巧，增长见闻的确是很重要的。但除此之外，我们也不能忽视"了解自己"的重要性。一个对自己有深入了解、并且拥有坚定原则的领导，能够令整个团队感到安心。领导力，其本质是你的言行、存在所产生的影响力，因此，我们有必要知道这种影响力的源头是什么。

人们常说，要评价一个人的领导力的好坏，就应该看这个人的下属表现如何。领导抱有某种意图，并能不断推动下属按照他的意图去行动，这样就可以说这位领导的领导力起作用了。而如果领导做不到这一点，就说明存在某些原因使他的领导力失灵了。

领导力是需要通过经历的积累加以磨炼的。请各位读者通过"从过往经历学习的反思"，持续锻炼自己的领导力，让它能产生更大的影响。

## 本节要点

○ 所谓领导力，是指某人通过自己的言行与存在，促使其他人也积极主动地做事的影响力。

○ 理想的团队，应该是所有成员都能发挥自己的长处和领导力的地方。

○ 要努力成为一个了解自己、拥有坚定原则的真诚的领袖。

○ 重复实践与反思的过程，展现"真诚领导力"。

# 拥有坚定的原则

　　真诚的领袖，能够发挥包括自己在内的所有团队成员的多样性，建立一支强大的队伍。为此，领袖需要有自己坚定的原则。

　　在保持"真我"的同时，搞清楚自己的信念与重视的价值观、内在动机的源泉，我们就能发挥融合了自身特点的、独一无二的领导力。

　　要想拥有坚定的原则，就必须进行反思。我从何处来？现在何处？未来又要朝何处前进？这些问题的答案，是你能持续发挥影响力的有力保障。

　　通过以下 7 种反思方法去了解自己，就能搞清楚自己的处事原则是什么。

**有助于形成坚定原则的反思**

*1*　回顾自己过去做过怎样的选择

*2*　明确自己的使命与存在的理由

*3*　明确自己所重视的价值观

*4*　明确自己的愿景

*5*　找到自己的强项

*6*　找到自己的影响力的源头

*7*　思考自己心中理想的领袖形象

# 有助于形成坚定原则的反思

## 1. 回顾自己过去做过怎样的选择

| 观点 | 哪些决定与选择，造就了你今天的人生？ |
| --- | --- |
| 经验 | 那是一段怎样的经历？ |
| 情感 | 这段经历连接着一种怎样的情感？ |
| 价值观 | 这一决定与选择背后是怎样的价值判断？ |

## 2. 明确自己的使命与存在的理由

| 观点 | 你的使命和存在的理由是什么？ |
| --- | --- |
| 经验 | 为了完成你的使命，你有怎样的经历？ |
| 情感 | 这段经历连接着一种怎样的情感？ |
| 价值观 | 由此可以看出你所重视的价值观是什么？ |

## 3. 明确自己所重视的价值观

| 观点 | 为了完成你的使命，你所重视的价值观是什么？ |
| --- | --- |
| 经验 | 你和你的团队在怎样的经历中体现了这种价值观？ |
| 情感 | 这段经历连接着一种怎样的情感？ |
| 价值观 | 这段经历连接着一种怎样的价值观（你所看重的观念）？ |

### 4．明确自己的愿景

| 观点 | 你想实现什么？ 你的愿景是什么？ |
|---|---|
| 经验 | 是怎样的经历让你觉得这种愿景很重要？ |
| 情感 | 这段经历连接着一种怎样的情感？ |
| 价值观 | 由此可以看出你所重视的价值观是什么？ |

### 5．找到自己的强项

| 观点 | 你的强项是什么？ |
|---|---|
| 经验 | 是怎样的经历让你这么觉得？ |
| 情感 | 这段经历连接着一种怎样的情感？ |
| 价值观 | 由此可以看出你所重视的价值观是什么？ |

### 6．找到自己的影响力的源头

| 观点 | 你觉得自己的影响力的源头是什么？ |
|---|---|
| 经验 | 是怎样的经历让你这么觉得？ |
| 情感 | 这段经历连接着一种怎样的情感？ |
| 价值观 | 由此可以看出你所重视的价值观是什么？ |

### 7．思考自己心中理想的领袖形象

| 观点 | 你想成为一名怎样的领袖？ |
|---|---|
| 经验 | 这种想法背后，是一种怎样的经历？ |
| 情感 | 这段经历连接着一种怎样的情感？ |
| 价值观 | 在领导团队的过程中，你所重视的价值观是什么？ |

## 确认自己的原则是否坚定

领导也是人，就算心里一直想着"我的原则要坚定"，也难免会有动摇的时候。这时，支撑我们原则不动摇的，就是元认知力。通过应用认知四要素框架，养成反思自己内在的习惯，我们就能以元认知的方法，对那个原则不坚定的自己有一个深入的了解。

首先，我们需要通过反思，去检查我们的价值观与判断的关系。我们需要反思，我所下的判断，是基于我所重视的价值观吗？为什么这么说？

另外，情感也会对判断产生极大的影响，因此反思自己的情感，也很重要。我所下的判断背后，有着怎样的情感？如果你发现自己的判断背后，是生气、焦躁等负面情感，那就需要引起特别的重视。综上，请大家检查一下"我做的判断是否基于我所重视的价值观"，以及"我的原则是否产生了动摇"。

在构建组织文化过程中，领袖们将会扮演非常重要的角色。

能够展现五种要素（信念、情感、思考、态度、行动）一贯性的领袖，将会成为成员们的榜样，进而推动代表团队理想的组织文化的形成。因此，作为一名领袖，意识到坚定的原则的重要性，对于组织文化的形成也是大有裨益的。

在这里，我将从五种要素一贯性的角度出发，向大家介绍检查自己的原则是否坚定的方法。

请大家跟随下面这个事例，一起来确认一下自己的一贯性吧。

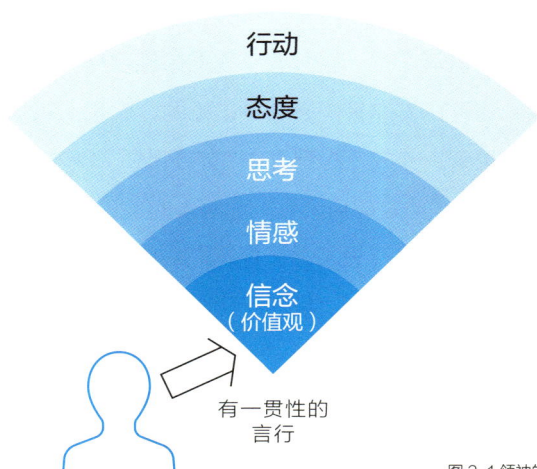

图 2-1 领袖的一贯性

帮助你检查五种要素一贯性的反思

• 信念

信任是非常珍贵的东西。

• 情感

（感受到他人信任的时候）高兴。

（对于撒谎等辜负信任的行为）遗憾、难过。

• 思考

（判断标准）不辜负信任，提升信任感。

• 态度

以诚实的态度与他人相处。

• 行动

（为了维持他人对我的信任）即使是不好的消息，我也会如实告知大家。

在这个例子中，这位领导以值得信任作为自己的人生信条。因此，他有意地以诚实的态度与人相处，即使是不好的消息也如实告知下属，可以说，其信念与行动具有一贯性。虽然他的判断与行动并不违背"重视信任"这一信念，但通过反思，进行自我检查，他对于这一信念也有了更深入的理解。

通过反思，我们可以直观地审视自己的信念、情感、思考、态度、行动的一贯性，并尝试挑战构建代表团队理想的组织文化。

## 本节要点

○ 通过 7 种反思的方式，成为拥有坚定原则的真诚的领袖。

○ 检查自己的信念、情感、思考、态度、行动的一贯性，以确认自己的处事原则是否动摇。

# 提高自己的干劲儿

在发挥自己领导力的过程中，我们经常会遇到不顺心或者令人感到压力的事。人们往往会期待团队的领袖去激发团队成员的工作激情，却很少有人会去关注领袖的工作热情。

因此，作为领袖，有必要强化自己的"自燃力"，以提高自己的干劲儿。

或许你曾经为团队成员低落的士气而哀叹，但一般来说，指望团队成员的干劲儿比你还要高，是不现实的。

所以说，我们应该首先着手去提高自己的干劲儿，为此，可以尝试一下两种反思方法。

- ■ 回归初心的反思
- ■ 解放自己的反思

## 回归初心的反思

**• 观点**

你专心投入这项工作的初衷是什么？通过这项工作,你想实现什么？

**• 经历**

是怎样的经历让你这么想？

- 情感

这一经历连接着一种怎样的情感?

- 价值观

由此可以看出你所重视的价值观是什么?

进行这一反思,能够让你回到最开始的起点,搞清楚"我为什么要做这项工作",这样,为了自己想实现的东西而努力的动力,就会从你的体内喷薄而出,就像你刚开始投入到这项工作中时一样。

当项目进度遇到瓶颈之类困难发生的时候,和团队成员一起进行这一反思,非常管用。

### 解放自己的反思

- 观点

将自己从所有束缚中解放出来之后,你的世界会是怎样的?

- 经历

在那个世界中,你会做什么?那个世界里,还有谁在?

- 情感

在那个世界的时候,你的心情如何?

- 价值观

由此可以看出你所重视的价值观是什么?

这种反思,我推荐在你的干劲儿为零,甚至是负的时候使用。在工作热情极其低下的状态下,恐怕连维持现状都是很难的事。这种时候,就咬咬牙,下定决心,在心中大喊"我不干了!"试着让自己远离现实吧。

去幻想的世界，不会受到任何现实因素的束缚。什么责任，什么任务，统统都抛在一边。然后想象一下，在这样的世界里，自己的人生会是怎样的。

通常情况下，如果能够与现实保持足够的距离，就会产生重新回到原点，"继续加油吧"的心情。另外，这样的反思还能让你俯瞰自己直面的问题，进而提升你解决问题的能力。

如果进行这一反思之后，你还是觉得回到现实并没有什么意义，就需要重新审视一下你现在所做的工作，有时甚至应该考虑一下放弃。这种时候，千万不能忽略对情感的元认知。当人被愤怒、不安、悲伤等负面情绪所支配的时候，是无法做出正确的决定的。保证充足的睡眠，调整身心状态，确认自己处在能够全身心投入的专注状态，然后再去做出重要的决定。

## 本节要点

○ 如果感觉团队成员的工作热情有所下降，就先确认一下是不是自己的工作热情出了问题。

○ 干劲儿下降了，就通过"回归初心的反思"，回到最初的起点。如果这样干劲儿还是没有恢复，那就想象一下自己已经摆脱了一切现实的束缚，搞清楚对于自己来说，真正重要的东西是什么。

○ 重要的决定，要在专注的状态下做出。

# 和"心"打交道

瞬息万变的社会环境，给所有人都带来了很大的压力。而对于身处其中，想要实现某些目标的我们来说，学会如何和自己的"心"打交道，将会变得越来越重要。

因此，学习冥想和正念的人越来越多，诸如复原力、成长型思维模式等等与心理相关的职场技能也都开始受到关注。

### ■ 正念

专注于"现在"这一瞬间，而不进行任何评价、判断的状态。

### ■ 复原力

能够迅速从逆境中走出来，并继续成长的能力。

### ■ 成长型思维

坚信人的才能是可以通过自身的努力、学习不断提升的。

而在学习正念、复原力、成长型思维的过程中，反思也是非常有效的手段。接下来，我们将把重点聚焦到"如何与自己的内心打交道"上。

## 情感的背后，是我们所看重的价值观

情感，是与每个人所重视的价值观相联系的。其联系的规律也非常简单，当你所重视的价值观得到满足时，心情就会变好，而反之则会出现负面情绪。

我们每个人心中都有自己所重视的价值观。通过反复进行反思，生成自己专属的"价值观清单"，能够充分发挥自己的长处与特点，还能让你的心安定下来。

此前，我们介绍了创造性张力的法则，也就是"在拥有与动机之源相联系的目的时，人就能够激发自己的潜力，进而提升创造力"。

当梦想与愿景和价值观连接起来时，内在动机产生的能量就会成为支撑你思考与行动的强大动力。

随着我们对自己价值观的了解越来越深，我们能够预测自己哪些情况下心情会好，哪些情况下心情会不好，倒推创造一个容易让自己产生正面情绪的环境。

例如，当我身处一个创新氛围很强的环境中时，我的心情会很好。因为我非常喜欢开放、平等的人际关系，以及能让我敞开心扉，互相说一些异想天开的想法的伙伴，还有整个团队为了同一目标而超高速地进行各种假设与实证的环境。

而与此相反，如果人际关系只是逢场作戏、令我有紧张感，常常需要进行官僚主义氛围浓重的答辩，工作内容也是千篇一律、重复性高，这样的工作完全无法让我产生跃跃欲试的心情。

因此，我有意识地让自己尽量多地身处有创新氛围的世界里。

我想，可能有很多人认为，对自己的情感进行元认知很难，但实际上，如果能够活用认知四要素框架去审视自己的情感，这件事会变得出乎意料地简单。

• 情感

你现在心情如何?

• 观点

你的观点是怎样的?

• 经历

这种情感与观点的背后,是一段怎样的经历?

• 价值观

这种情感与观点背后,是一种怎样的价值观?

如上所述,通过认知四要素框架,对情感进行元认知,能够让我们游刃有余地应对自己的情感。这项技能在和孩子们相处时也很管用。

以前的我,在和孩子们相处时,如果生气了,就会用语言直接把自己的情感表达出来,比如"你为什么总是这样啊"。然而,在学会使用认知四要素框架后,当我感到愤怒时,我会先用认知四要素框架去分析自己的愤怒情绪。

**因为儿子而生气的母亲的反思**

• 情感

生气。

• 观点

为什么你每次玩完游戏之后,都不知道收拾呢?

• 经历

今天真是糟透了。开会的时候，A 同事一直在抱怨我的提案这儿不好那儿不好。然后，我带着满身疲惫回到家里，还被地上的游戏机绊了一下，差点摔倒。

• 价值观

（对孩子的期待）自律、（从会议的经历来看）合作、共创未来。

如果养成反思自己情感的习惯，在情绪激动的时候，我们至少能够让自己深呼吸一下，然后冷静下来。

另外，通过回顾愤怒情绪背后的经历，就能意识到"把愤怒的矛头对准孩子，其实是搞错了对象"。

"之所以会因为这种小事生气，其根本原因在于会议上 A 同事的发言让我感到很不爽。因为我无法在公司发泄这种不满，所以才施加到了儿子身上……"

学会反思，我们就能像这样正确地理解自己的愤怒情绪。如果能通过反思，客观审视自己的愤怒情绪，愤怒情绪自然也就会得到缓解。

基于愤怒情绪做出的言行举止，除了能让你暂时感到心情舒畅之外，没有其他任何好处。而且在大多数情况下，放任自己的愤怒情绪，对自己对他人，都没有好结果。

如果出现了愤怒的情绪，我们需要客观审视这种情绪，并问问自己"我在气什么"。为此，我们就需要养成用认知四要素框架进行反思的习惯。

分析生气的原因，能够让我们知道自己想要得到什么。基于这一分析，去思考下一步的行动，才是比较明智的选择。

## 通过反思，走近"正念"

所谓"正念"是指只专注于"现在"这一瞬间，而不进行任何评价、判断的状态。

那么，各位读者在哪些时候会感觉自己无法保持正念呢？就算通过冥想与坐禅，让自己的心静了下来，但回到日常工作与生活之后，心就又乱了。这种情况想必大家都遇到过吧？心乱了，又不能立刻重新开始冥想，这着实是一件令人困扰的事。

这种时候，我推荐大家尝试"即时反思"。借助认知四要素框架，对现在正在发生的事，以及自己在这一瞬间所感受到的东西进行反思，进而让自己进入正念的状态。

当我们心中出现负面情感时，即时反思尤其能派上用场。在负面情绪萌芽的瞬间，了解其发生的原因，并及时抛弃这种情绪的话，就能帮助我们迅速实现正念的状态。

从我过去发泄怒气的经验来看，我所总结出的规律是，遇到生气的事，一通发泄，神清气爽之后，不好的事情一定会随之而来。对某人发泄了自己的愤怒情绪，在发泄完的那一瞬间，你的确会感到神清气爽。但在这之后，对方往往都会展开反击，你刚才发泄的怒气，会像投出的回旋镖一样打回到自己身上，让整个情况更加恶化。到头来，还是得你自己花大量的时间与精力去收拾残局。

也就是说，我从过去经历中总结出的经验是"当你感到生气时，明智的做法是，试着想象一下发泄愤怒情绪之后随之而来的麻烦事，最终决定不图这一时之快"。而要做出这样的决定，我们就需要通过"即时反思"来帮助自己客观看待自己的愤怒。

进行即时反思，能够帮助你更容易地抛弃负面情绪。

不管是工作还是家庭,即时反思能够应用在各种场景中,这里以"在会议中感到焦躁的时候"为例子进行说明。

## 针对负面情感的即时反思

• **观点**

这个人又开始发言了。实在不想听他发言。

• **经历**

这个人发言总是长篇大论,而且主题还很不明确。

• **情感**

焦躁。

• **价值观**

生产效率、事物本质。

### ■ 通过即时反思你明白了什么

因为我很看重生产效率和事物的本质,所以在听这个人讲话的时候,就会感觉焦躁。"我很重视生产效率和事物本质",以及"我的情绪被这个人扰乱",我应该把这两件事拆分开来,再去进行思考。

我们是自己内心的主人,因此扰乱自己内心的权力只属于我们自己。如果被他人扰乱了内心,那就相当于把"给我内心施加压力的权力"转让给了他人。

如果能够形成这样的思维方式,那么,即使是负面情绪,我们也能相对容易地将其抛弃。

抛弃负面情感、恢复冷静之后,我们就能开始思考今后应如何削减压力的来源。为了让对方说的话变得精炼明确,可以提前准备一些问题引导他，或是给他提供一些能派上用场的信息，或是由某人对他的发言进行反馈等等，通过这些方法，制定相应的对策，逐渐减少压力的来源。

而在思考消除压力的方法时，反思也能派上用场。

**帮助你找到消除压力的方法的反思**

• 观点

在哪些时候，你的内心会感到平静稳定？

• 经历

具体来说是一段怎样的经历？

• 情感

当时你的心情如何？

• 价值观

由此可见你所重视的价值观是什么？

■ 例：和朋友聊天

• 观点

和值得信任的朋友聊天时。

• 经历

我和他说了某件事，如果他回复"的确是这样呢"，我就会觉得自己的确没有错。有时他也会给我一些否定的反馈建议，然后我会基于他的话去进行反思。

• 情感

冷静。

• 价值观

羁绊、共鸣。

■ 例：与动物接触

• 观点

与动物接触的时候。

• 经历

从小我就和小猫小狗一起生活。把自己的心事跟它们说，感觉我的心灵就会得到治愈。

• 情感

平静。

• 价值观

羁绊、爱心。

通过提前进行这种反思，即使遇到一些容易给我们造成巨大压力的情况，我们也能提前制定好计划，维持自己的正念。例如，提前准备好能让自己恢复精神的书或者电影，就是一个不错的方法。

## 关注负面情绪

负面的情感，有时也会起到积极的作用。

例如，在某场比赛中输了，所以感到"很不甘心"，但这种"不甘心"的情感反而会成为激励我们认真练习的动力源头。

这种时候，可以说负面情绪起了积极作用。将"输了比赛所以感到不甘心"这种负面情绪发展为"下次比赛我一定要赢"这样的愿景，最终转变为积极的情绪。这样，我们的干劲儿自然也会得到提升。下次比赛能不能赢是取决于自己的实力的，所以没有必要被这种负面情绪所拖累。

"某种负面情绪让我产生了某种愿景",这样的例子其实非常多。但在工作中,我们的负面情绪有时并不能简单直接转变为愿景。

负面情绪的来源很多很多,其中一些甚至会十分复杂,比如光靠自己一个人的力量无法解决的人际关系方面的烦恼、与其他同事或部门合作时出现的问题、上级决定的经营方针调整等。

当负面情绪的转化比较困难时,首先,我们应该通过反思,意识到自己已经被负面情绪支配了。

如果能够对自己的情感进行元认知,就能客观审视情感产生的原因,并将自己的思考重点转移到如何解决问题上来。根除产生负面情感的源头,或是与这个源头保持一定的距离,或是索性改变自己的观念,适应现状……我们可以选择的对应方法很多很多。

许多领导者都认为,"当人处在一种负面消极的精神状态时,是无法进行正确的判断的"。身心的疲惫有时会削弱我们的判断力。能够了解我们的情感的只有我们自己。因此,请先对自己的情感,以及导致这种情感的原因进行即时反思。

养成通过即时反思实现正念的习惯,不断强化自己察觉内心异常变化的感知力,这也有助于我们做出最佳的判断。

## 通过反思,提升"复原力"

"复原力"(resilience),其英文原意是"还原能力、弹力"。复原力研究方面的权威——宾夕法尼亚大学的卡伦·莱维奇博士,将其定义为"人从逆境中迅速恢复,并继续成长的能力"。

反思有助于对自身的元认知,也能帮助我们提升复原力。我将从构成复原力的八大要素(自我认知力、自制力、心智敏锐度、乐观性、自我效能感、羁绊、基因、积极的社会制度）中选取自我认知力、自制力、乐观性、自我效能感作为例子，向大家介绍如何运用反思提升复原力。

## 自我认知力

当自己所看重的价值观得到满足时，人的心情就会变好，反之，心情就会变差。那么，就请大家试着问问自己"我的心情为什么会变好或变差"吧。

### 提升自我认知力的反思

• 情感

高兴。

• 观点

为什么高兴？

• 经历

是怎样的经历，让你有这样的感觉？

• 价值观

因为怎样的价值观得到了满足，所以你会觉得高兴？


• 情感

生气。

• 观点

为什么生气？

• 经历

是怎样的经历，让你有这样的感觉？

• 价值观

因为怎样的价值观没有得到满足，所以你会觉得生气？

## 自制力

通过反思，能够强化我们对自己的情感、思考和行动的元认知，进而提升我们的自制力。在这一部分，我将分别向大家介绍初级、中级、高级三种级别的有助于提升自制力的元认知力。

■ 初级：理解自己给每段经历赋予了怎样的意义

这一级别的元认知能力，能够认知我们自己给某段经历赋予了怎样的意义。如果你能活用认知四要素框架，俯瞰自己的内心，就说明你已经达到了这一级别。

■ 中级：察觉到"膨胀"的原因

一直以来，我们脑中的感知器都会从庞大的信息源中选择一些我们所需的信息进行认知。例如，如果你觉得"我很在意那个人的这个特点"，那么你脑中的感知器就会针对这一特点去感知相关信息，进而使得这个问题一直在你的脑中膨胀。久而久之，这个不断膨胀的问题甚至可能成为你的负担，但如果周围的人都没有在意这个问题，这就说明你和他们给同一段经历赋予了完全不同的意义。

自己对于什么东西尤其在意，自己的感知器对于怎样的信息格外敏感，能够客观地俯瞰这些内容的人，就达到了中级水平。

### ■ 高级：将他人与自己区分开

一个人如何看待某段经历，取决于他的价值观。如果能够理解这一点，你就能意识到，认为眼前的人是导致自己愤怒的原因，这种想法其实是错误的。眼前的人，只不过是引发你怒气的导火索而已，做出"生气"这一选择的，归根到底还是你自己的价值观。如果能够理解到这一步，那么，就意味着你的元认知力已经达到了非常高的水准，已经可以凭自己的力量去控制愤怒情绪了。

能控制你内心的，只有你自己。当与环境、他人的关系威胁到了你所重视的价值观时，这种受威胁的经历就会变成负面情绪的导火索，你的心情就会变差。搞清楚自己是被怎样的价值观所支配的，就能够不断锻炼控制自己内心的能力。

## 乐观性

乐观的人，能够发现事物的可能性，而悲观的人，则会更多地看到事物的风险。如果你想要增强自己的乐观性，我推荐你将"无限的可能性"和"未来导向"等观念植入你的价值观中，并且经常有意识地去践行它们。如果脑中浮现出了悲观的想法，就用"无限的可能性"和"未来导向"这些观念加以纠正吧。

### 将悲观化为乐观的反思

### ■ 悲观的反思

### • 观点

新业务的销售目标很高。

- 经历

我们现在还没有客户，而且员工们也都是没有经验的新手。

- 情感

担忧、害怕。

- 价值观

现实、风险。

而如果我们用"无限的可能性""未来导向"等价值观进行重新审视的话……

■ **乐观的反思**

- 观点

新业务的销售目标很高，如果达成的话，能在公司内外都产生不错的影响。

- 经历

应该存在潜在的客户，对于员工们来说应该也会成为一段全新的经历。

- 情感

跃跃欲试。

- 价值观

无限的可能性、未来导向。

以上反思，不是只做一次就结束了。确认自己的观点是什么，并用"无限的可能性""未来导向"进行纠正。通过重复这一过程，我们就能养成乐观、积极地看待事物的习惯。

### 自我效能感

许多人其实并没有意识到自己的才能，也就没有体验自我效能感的机会。做自己擅长的事情时，我们并不会觉得困难、辛苦，所以，即便在他人看来我们已经做得很好了，但我们对自己的评价却可能并不高。反过来，当我们遇到了自己不擅长的事，就会对于自己能力上的不足感到非常在意，最终同样导致自己无法产生自我效能感，这样的例子非常多。

通过进行"从过往经历中学习的反思"，赋予各种经历各自的意义，能够提升我们的自我效能感。认真回顾自己做到的事以及没能做到的事，养成"对做到的事给予肯定，同时从没能做到的事中学习经验"的习惯，这样，人生中的所有经历都能够帮助我们提升自己的自我效能感。

如果掌握了将经历变为经验的正确方法，我们就能切身感受到"失败也是有价值的经历，能够推动我们成长"，那么，失败自然也就不会成为降低我们的自我效能感的原因。在回顾过往经历的时候，我们也能接纳现在并不完美的自己，自我效能感就能得到提升。

## 通过反思，培育"成长型思维"

所谓"成长型思维"是斯坦福大学心理学教授卡罗尔·德韦克所提出的概念，指一种"坚信人的才能可以通过自身的努力、学习不断提升"的信念。反之，认为人的才能即使再怎么努力也不会提升的思维，被称为"固定型思维"。当做事情碰壁的时候，我们是认为只要努力就一定能有所进展，还是认为自己是个百无一用的废物呢？思维的不同，会导致我们的成长速度也大不一样。

当你遇到瓶颈时，请先通过元认知，搞清楚自己现在选择了哪种思维方式。通过使用认知四要素框架，就能弄清楚自己是认为"总能找到办法"的那一派，还是认为"已经完了，没希望了"的那一派。

如果你认为"已经完了，没希望了"，那就试着回忆一下过去的成功经历吧。例如，成功克服困难，完成了艰难的课题，或者鼓起勇气，挑战了原以为不可能的事，结果还取得了不错的成果；等等。

通过反思，充分回味一下这段成功经历的点点滴滴。通过回想当时的情感、经历，就能用自身经历去证明成长型思维的正确性，并最终接纳这种思维模式。

## 对过去成功经历的反思

• 观点

我们团队当时尝试了挑战"减少长时间劳动"，虽然我们本以为那是不可能实现的事。

• 经历

公司宣布所有部门都要开始减少长时间劳动，但当时，加班在我们部门是理所当然的事。所以一开始，我们所有人都觉得"这怎么可能嘛"，但后来，我们整个团队紧密合作，对现有工作进行了分解，并着手加强工作的自动化和效率化，最终成了全公司的减负模范。

• 情感

（一开始）不抱希望，（中途）不安，（拿出成果时）感到有趣、高兴。

• 价值观

不试一试的话，怎么知道行不行呢；做的话，就有可能成功。

如果一时回忆不起自己的经历，那也可以灵活运用他人的成功经历。

通过间接体验他人的成功经历，我们可以学习他人的成长型思维。我推荐大家，在日常生活中，不断接触他人的奋斗与成功故事，不断收集能够证明成长型思维正确性的成功经历。

## 通过反思，走近"幸福"

最近，我经常听到"Well-being"这个词。所谓"Well-being"，就是"快乐、健康、幸福"的意思。因为没有人会不希望自己过上幸福的生活，所以我当时就有一种"怎么现在才流行起来"的感觉。但其实，在许多领域，"幸福"都是人们开展各种行动所要实现的最高目标。

要实现"幸福"，有些东西是所有人都普遍需要的，例如健康、安全、经济独立等等。但在本书中，我们主要关注的是"个人主观决定的幸福"。职业生涯选择、保持生活工作平衡的方法、个人兴趣爱好等等，每个人对"幸福"的定义都有所不同。我们需要借助反思的力量，明确自己对"幸福"的定义是什么。

庆应大学前野隆司老师通过对幸福学的研究，得出了"幸福有四大要素"的结论。想要变得幸福，只要在生活中践行"做做看""谢谢""总会有办法的""实事求是"这四个原则就可以。这一理论虽然很简单，但却蕴含着巨大的力量。这四大要素，能够强化我们的正面情绪，也能帮助我们形成正念、成长型思维和复原力。

我们的内心能够决定自己到底幸不幸福。然而，我们不可能时刻保持积极正面的情绪。在本书中，我们也介绍了通过反思将负面情绪转变为正面情绪的方法。但在实践这一方法的过程中，希望大家一定要注意一件非常重要的事，那就是不要无视我们的情感。

人类是无法做到只开启积极情感，同时关闭负面情感的。我们大脑的结构决定了，如果我们给负面情感盖上盖子，那么积极情感也会随之变成关闭状态。

因此，即使是面对负面情感，我们也要通过认知四要素对它有一个清晰的认识，认真感受之后，再将其转换为积极情绪，这一步很关键。

我在本书中也提到很多次了，负面情绪意味着你所重视的价值观没有得到满足。在改变自己的观念之前，我们首先要改变价值观没有得到满足的自己。

我们的内心是受外界因素影响的。事情进展顺利的时候，看了有意思的电影的时候，和有趣的伙伴一起聊天的时候，在安静的环境里度过悠闲时光的时候……伴随着各种各样的事件，我们内心的景致也会发生改变。但外界因素不过是我们内心变化的契机，真正让我们内心改变的是我们自己。

如何看待一件事，给它赋予怎样的意义，做出这些决定的都是我们自己。

为了让自己的内心在任何情况下都不发生动摇，通过反思，培养"审视自身的能力"是非常有益的。懂得如何和自己的内心打交道的领袖，自然也能给成员的内心带去积极的影响。因此，请各位务必多多尝试和内心打交道的反思，早日实现团队的"幸福"。

## 本节要点

○ 通过即时反思，实现正念的状态。

○ 通过反思，找到属于自己应对压力的方法。

○ 活用认知四要素框架，进行反思，锻炼自己的复原力。

○ 反思过往经历，培养成长型思维。

# 通过反思，提升思考的灵活性

　　当我们面对的问题尚不存在正确答案时，为了做出最佳的判断，我们需要抛弃过去的成功经验，不盲目遵循过去的经验。个人的职业生涯发展也好，商务层面的决策也好，在面对各种问题时，我们都需要根据时代的变化去灵活调整我们的思维，为此，我们需要养成反思的习惯。

　　当我们投身到一个全新的课题中时，创造力是非常关键的。意大利的天才设计师布鲁诺·莫那在他的著作《幻想曲》中，对创造力做出了如下评论。

　　要拥有创造力，就需要拥有机敏与灵活的智慧。换句话说，就是有：能将自己从各种成见中解放出来的精神；只要对自己有好处，不管什么情况下都愿意学习的精神；如果别人有更好的建议，就能立即修正自己的想法的精神。因此，拥有创造力的人，无时无刻不在进步。他从各个领域不断吸收新的知识，并加以应用，使自己的创造力存在着无限的可能。有些人缺乏创造力，他们的思维方式并不足以支撑他们应付眼前各种各样的问题，所以只能向那些有创造力的人求助。

为了激发自己的创造力，我们应该摆脱过去的成见，养成灵活的思考能力。

我们的观念与思维模式，都是通过各种各样的经历逐渐形成的。一些观念与思维方式源自一些令我们印象深刻的经历以及当时的情感，这种观念与思维方式对于我们之后的人生和所做出的判断的影响尤其大。而想要抛弃成功经历与当时体会到的积极情感是非常难的。

要形成灵活的思考能力，就需要在必要的时候抛弃基于过去成功经历的思维模式。虽然不可否认，成功经历对于每个人来说都是非常棒的回忆，但基于成功经历所做出的判断，并不一定就是最佳答案。

我们在了解未知世界的时候，如果能够预先抛弃那些成见，就能够收获全新的知识。为此，我们需要学会保留自己的价值判断，然后再去探索新的未知世界。

接下来，我将为大家介绍在现实生活中如何提高思考的灵活性。

## 对自身思考的元认知

要让自己的思考变得灵活，首先需要客观审视"我在想什么"，以及"我对于怎样的经历与价值观非常在意"。

如果无视这一步骤，突然就让自己去接纳某种不同的观点，思考的灵活性并不会得到提升。我们需要接纳的并不是不同的观点，而是不同的观念，这样，才能够从根本上改变自己的思考方式。为此，首先我们需要对自己的思考进行清晰的元认知。

和成功经历一样，从失败经历中学到的东西，也会深刻地印在我们心中。这里，我们就以失败经历为例，看看如何对思考进行元认知吧。

## 有助于对思考进行元认知的反思

这个例子中的主人公，对于会议上他人提出的策划案持反对意见。那么我们就用元认知来看看，他为什么会有这样的意见吧。

### ■ 反思的主题

- 我的思维是因为怎样的经历而形成的？
- 我所重视的价值观是怎样的？

#### • 观点

我无法认同这种不断开拓新业务的策划案。它虽然有助于实现短期收益，但就算能够解决某一瞬间出现的大量需求，长期来看还是无法发展为客户所持续需要的服务的。

#### • 经历、情感

在之前的公司，我有一段时间也曾经不断地开拓新业务板块。虽然每项业务的搭建都很成功，初期投资也收回来了，但这些业务都很短命，因此我又需要继续不断地开拓新业务。虽然我很喜欢产出新的东西，但相比负责公司其他一些能够长期受到顾客欢迎的业务，负责这样追求短期收益的新业务让我感到有点空虚。

#### • 价值观

认同长期受到客户欢迎的、客户所需要的业务。

### ■ 通过反思搞清楚自己的观念

我明白了，比起实现短期收益，我更想负责那些长期受到客户欢迎的业务。

### ■ 反思后的行动

抛弃成见，与他人进行对话。确认对方观点的背景。确认这个策划案的前提，是想一下子开拓许多能够提升短期收益的业务，还是想建立长期发展的业务。

如果被过去的经历所束缚了，那就会像这样，无法通过对话去认知对方的世界。坚持"我是对的，对方一定是错的"，如果以这种状态去进行对话，是不会取得进步的。

## 代入对方的经历与价值观

人的观点是由各种经历所支撑的。如果一个人的经历发生改变，那么他的观点可能也会随之发生变化。另外，如果改变观点背后的判断的标准（价值观）的话，观点也会发生变化。因此，我们不应只是强行地更改自己的观点，而是要养成"通过代入他人的经历与价值观，我的观点也会发生改变"的思维，去提升自己思考的灵活性。

### 代入他人经历与价值观的反思

"想要不断开拓新业务"，提出这样观点的人，他会有怎样的经历呢？

### ■ 反思的主题

通过代入他的经历与价值观，我的观点发生了怎样的变化呢？

• 观点

想要不断开拓新的业务。

• 经历、情感

正是因为我们过去不断提出新的点子，成功开拓了新的服务，才能拥有今天的忠实用户们。此外，通过开拓新服务，我们还成功树立了自己的品牌形象。我觉得，先于其他公司，将新点子转化为新业务的能力，是公司能够持续生存的关键。因此我认为，停止开拓新业务，公司就有可能走向覆灭。

- **价值观**

不辜负忠实用户们的期望，公司的存亡，提出新点子。

### ■ 代入对方的经历与价值观之后，你明白了什么？

我明白了自己有"持续推出新的业务，虽然可以提升短期收益，但是并不能孕育出长期存续的招牌业务"这样的想法。

在针对策划案本身做出评价前，我可能就已经有了一种先入为主的观念，认为开拓新业务，肯定只是为了获得短期收益而已。

通过代入，跳出自己的经历与价值观，去审视对方的世界，就能从客观的角度去理解自己的成见。

## 想象他人的认知四要素

立场、经历不同的人，其认知四要素也各不相同。通过想象各种各样的人的认知四要素，就能锻炼我们思维的灵活性，使我们不被自己的经历与价值观所束缚，而且还能提升我们与他人产生共鸣的能力，构筑信赖关系。

### ■ 反思的主题

某某人的认知四要素是怎样的呢？

拥有高级的元认知能力的话，我们就能预测哪些事情可能会让我们感觉违和与惊讶，并主动出击，通过与相关的人进行对话，理解对方的认知四要素。首先，请从想象身边的人的认知四要素开始练习。

通过想象家人、恋人等你所重视的人的认知四要素，你可以预测对方所重视的东西，并且加深和他们的关系。另外，我建议大家选择那些你感觉和他有代沟的人、和你稍微有点距离感的人、你无法理解其想法的人，去想象一下他们的认知四要素。

如果你拥有更多走出自己小世界的机会，你的思考自然也会变得更加灵活。其原因在于，当我们感到违和、惊讶的时候，就意味着我们过往的常识不再适用，也就意味着我们将不得不从根本上改变自己的思维方式。因此，在这种时候，保留自身原有的价值判断，从多样的世界中学习，会变成一件非常自然、轻松的事。

如果感到违和、惊讶，就请把它看作是磨炼自己思考灵活性的机会。

## 对惊讶与违和感的反思

我们每天都可能会感到违和，或者对事物的变化感到惊讶。这种时候，请不要毫不在意，就这么让这种感觉溜走，而是要趁此机会进行反思。

### 步骤1 通过认知四要素框架，理解惊讶与违和感的背景

惊讶与违和感是了解自己（以及自己的世界的边界）的机会。可以使用认知四要素框架进行反思，对我们感到惊讶的原因进行元认知。

• 观点

你对什么感到惊讶？或者说，对什么感到违和？

· 经历

这种感受背后有着怎样的经历？

· 情感

这种经历连接着一种怎样的情感？

· 价值观

由此可见你所重视的价值观是什么？

步骤 2 整理你通过反思所明白的东西

纵观认知四要素，整理让你感到惊讶与违和的原因，以及惊讶与违和感背后是怎样的经历与观念。

· 观点

为什么会感到惊讶与违和？

· 经历

让你感到惊讶与违和的事情是什么？

· 情感

这种经历连接着一种怎样的情感？

· 价值观

由此可见你所重视的价值观是什么？

步骤 3 提出问题

基于步骤 1 中所发现的感到惊讶与违和的原因，认真想一想，要思考自己的下一步行动，需要先搞清楚哪些问题。

这一步，我们将探讨如何将反思的成果活用到下一步行动中。

感到违和、惊讶的时候，通过认知四要素进行反思，进而找到自己产生这种感觉的原因。这样，我们就能搞清楚自己有着怎样的观念与思维模式。然后，如果觉得自己需要做出改变，就可以关注一下违和感背后是自己怎样的价值观，最终探求自我提升的可能性。

## WORK 小作业　对惊讶与违和感的反思

### STEP 1 通过认知四要素框架，理解惊讶与违和感的背景

| | |
|---|---|
| 观点 | **你对什么感到惊讶？**<br>**或者说，对什么感到违和？**<br>美国杜克大学研究者凯茜·戴维森在2011年8月接受纽约时报采访时所说的话："2011年入学的美国小学生中，应该有65%的人将在大学毕业之后会从事现在尚不存在的职业。" |
| 经历 | **这种感受背后有着怎样的经历？**<br>一直以来，我在教育孩子的时候，都是基于他的特点，以及将来想让他做的职业，去思考他未来的发展、升学道路的 |
| 情感 | **这种经历连接着一种怎样的情感？**<br>不安、慎重 |
| 价值观 | **由此可见你所重视的价值观是什么？**<br>计划、预测、幸福 |

## STEP 2  整理你通过反思所明白的东西

| | |
|---|---|
| 观点 | **为什么会感到惊讶与违和？**<br>65%的孩子将来大学毕业时，会从事现在尚不存在的职业，那样的话，我岂不是不能事先想好将来让孩子做什么职业，思考他的发展道路，然后对其教育进行规划了吗？ |
| 经历 | **让你感觉惊讶与违和的事情是什么？**<br>步骤1里的事 |
| 情感 | **这种经历连接着一种怎样的情感？**<br>不安 |
| 价值观 | **由此可见你所重视的价值观是什么？**<br>方针 |

## STEP 3  提出问题

基于步骤1中所发现的感觉惊讶与违和的原因，认真想一想，要思考自己的下一步行动，需要先搞清楚哪些问题。

| | |
|---|---|
| 开展下一步行动，需解答的问题 | **为了思考自己的下一步行动，需要先搞清楚什么问题？**<br>当我无法预测未来时，对孩子的教育应该采取怎样的方针？<br>我需要怎样更新自己对于教育方针的观念呢？ |

## STEP 4  将反思成果运用到行动中

探讨在之后的行动中如何运用反思的成果。

| | |
|---|---|
| 行动 | **下一步将怎样行动？**<br>在这个预计65%的孩子长大后都将从事现在尚不存在的职业的时代，我将从一个家长的角度，思考教育孩子应该采取怎样的方针<br>我将重新制定孩子的教育方针 |

# 深入未知世界的反思

让自己置身于未知世界中，对于提升我们思考的灵活性，非常有帮助。

四年前，我前往非洲的赞比亚，参与一个新时代领袖养成项目。

那段时间，我每天都能遇到让我感到违和或者惊讶的事，因此，需要通过反思解决的问题不计其数。通过与当地的商务人士、农民、政府与非政府组织人员的交流，我了解了赞比亚的政治、商务与社会问题的相关情况。但对我来说，更大的收获是我自己发生的变化。我使用认知四要素框架，反思自己是如何看待在赞比亚的这段经历的，并且还与随行的同伴们进行对话，最终将这段时间感受到的违和感和惊讶，转化为学习成果。虽然待在赞比亚的时间不长，但感受到的违和感和惊讶却远超我的预期，我的思考的灵活性也因此得到了锻炼。

接下来的反思，虽然其步骤与"对惊讶与违和感的反思"相同，但其最终目的，是从未知的世界中学习经验，并应用到后续行动中。

### 步骤 1 理解惊讶与违和感的背景

• 观点

赞比亚的人民，虽然并不富裕，但看上去很幸福。

• 经历

在日本，"有钱了，人才能幸福"这一观念可以说是社会运行的根本动力。

没有钱的话，人就无法接受良好的教育，甚至连旅游都去不了。

• 情感

喜悦。

• 价值观

富裕、幸福。

## 步骤 2  整理你通过反思所明白的东西

• 观点

曾经的我，认为经济上的富足是会直接影响幸福感的，因此我每天都在考虑企业今后的发展和自己的职业生涯。在去赞比亚之前，我一直认为，相比赞比亚人民，我们日本人民是比较幸福的，但看到赞比亚的孩子们的笑脸，以及赞比亚房东一家人为了生存而共同努力的幸福生活，我开始觉得，享受着经济上富足的我们，实际上可能并没有比他们更幸福。

• 经历

步骤 1 的事。

• 情感

惊讶。

• 价值观

追求幸福、笑脸、切身体会到幸福感。

## 步骤 3  提出问题

基于步骤 1 中所发现的感觉惊讶与违和的原因，认真想一想，要思考自己的下一步行动，需要先搞清楚哪些问题。

从感到惊讶与违和的经历中，我们能够学到"新观念"，而要将这些"新观念"应用到后续行动中，所必须搞清楚的"问题"是什么呢？

在上面的例子中，"追求幸福"是很重要的价值观，因此，为了让新的"观念"成为自己的一部分，我们需要搞清楚，在赞比亚，所谓的"幸福"究竟是什么。

• 问题

在思考自己的行动时必须解答的问题是什么？

对于发展中国家的人民来说，实现我们这样的经济发展，真的是一件幸福的事吗？

**步骤 4  将反思成果运用到行动中**

探讨在之后的行动中如何落实反思的成果。

• 行动

我们公司以创造社会价值作为自己的经营方针，将来在赞比亚也有进一步扩展业务的打算。在思考公司的业务发展战略时，我们不应该将发达国家的模板直接套用到当地，而应该首先思考，对于当地人来说幸福的社会是怎样的，并将建设这样的幸福社会作为发展战略的出发点。

从惊讶与违和的经历中学到的"新观念"，能够改变你未来所创造的世界。更新后的"观念"，将成为你后续行动的指南针，有时可能还会提醒你纠正自己的前进方向。

学习的目的，并不是为了获取经验，而是为了活用经验。通过反思，更新自己的"观念"，然后将全新的"观念"应用到后续行动中吧。

# 跳出思维边界的反思

想要提出一些全新的、独创性的想法，却怎么都想不出来，不知道大家有没有类似的经历呢？这种时候，让你跳出思维边界的"Out of Box Thinking（开放式思维）"就能派上用场。

其中所谓的"Box（思维边界）"，就是你过去经历中形成的旧观念施加到你身上的"条条框框"。如果你已经养成了使用认知四要素框架对自己的内在进行元认知的习惯，那就能非常轻松简单地对自己的"思维边界"有一个清晰的认识。

在践行开放式思维时，我们需要挑战尝试自己"思维边界"之外的思考方式。通过认知四要素框架，对自己的"思维边界"进行元认知后，就请各位跳出"思维边界"，去看看外面的世界。然后再基于外面世界的"条条框框"去进行思考。

打个比方，这就像是本来的透明眼镜换了一副墨镜一样，用不同的镜片去看待事物，你就会成为能活用开放式思维的高手。

在我们的日常生活中，其实有不少锻炼思考灵活性的机会。走一条平常不走的小路、读一本从来不读的类型的书、进一家平常都不会进去的店、挑战一下过去没尝试过的运动项目……诸如此类，即使是在日常生活中，我们也能轻而易举地跳出自己的思维边界。

但是，这一过程中，有一件事需要大家注意。如果只是单纯地跳出自己的"思维边界"，却没有进一步行动的话，是无法锻炼我们的开放式思维的。跳出边界之后，还要学会保留自身的评价与判断，细细品味自己这方小世界之外的经历，这样我们才可能真正从一个全新的视角去看待问题。

锻炼开放式思维，就像是锻炼肌肉一样。走出自己的"边界"，养成基于新的"边界"去理解事物的习惯，久而久之，我们就能自由轻松地出入自己的"边界"，时不时地去尝试一下新的"边界"。

## 书上画线的地方没有学习价值

我们的思维很容易会被过去的成功经历所支配。日本 711（零售业巨头）的创始人铃木敏文先生，就充分认识到了这一点，并且一直在锻炼自己思维的灵活性。他曾说过，读书的时候，我们画了下划线的内容，并没有学习的价值，所以他只会从那些没有画线的地方寻求知识。既然我们都已经用下划线标出自己觉得重要的地方了，为什么说那里没有学习的价值呢？

铃木先生认为："在画下划线的时候，我们其实就已经知道那个地方很重要了，所以之后再去看这些地方，也学不到新东西。因此重要的是，去探求那些没有画线的地方蕴藏着怎样的知识。"

"推出一款热销产品后，我们就会自认为已经完全理解了市场需求，这最终会导致自己无法察觉到市场的变化。"对于成功经历会带来怎样的风险，铃木先生想必十分清楚。我认为，能够始终保持从自己未知的世界中学习的姿态，是铃木先生能让 711 在日本取得成功的原因。

铃木先生所说的"画线的部分没有学习的价值"，其实是在告诉我们，不要被过去的成功经历所束缚，要时刻保持思维的灵活性。

"从书上没有画线的部分学习"，最简单的方法，就是与各种各样的人进行对话。即使是读同一本书，不同的人感觉印象深刻的地方也是不同的。如果我们能从其他人的画线部分学到东西的话，我们学习的进程也会加快。

当然，这时候，请注意不要擅自往他人的意见中加入自己的解释，而是要用认知四要素去探寻对方的经历与价值观。在这一过程中，我们一定会有新的发现与心得。

## 本节要点

○ 对基于过去经历形成的观念进行元认知，提升思考的灵活性。

○ 将"对惊讶与违和感的反思"的成果应用到行动中。

○ 活用认知四要素框架，挑战"开放式思维"。

# 提升对话能力与倾听能力

　　活用认知四要素进行反思的能力，同时也是对话所需的基础能力。

　　如果抱着"我是对的，你是错的"这样的心态去倾听，是无法进行有效的对话的。保留自身的判断与评价来倾听，是对话的大前提。

　　保留自身的判断与评价，倾听对方意见背后的东西，只有这样，才能把外面世界的经验转化为自己的东西。同时，还能给予对话另一方以学习的机会。

　　我们不能只把对话看作是沟通的手段，也要把它看作是学习的手段，并持续锻炼自己的对话能力。

## 共鸣式的倾听方法

　　人们常说，在与人对话的时候，学会共鸣式的倾听方法是很重要的。但是，有很多人将共鸣误解为"赞成对方的意见"。实际上，共鸣既不是赞成对方的意见，也不是抛弃自己的意见。

　　在使用认知四要素去倾听时，我们需要捕捉到对方的观点、经历、情感，以及所重视的价值观。在倾听的过程中，始终牢记：对方的想法、情感，必然也有其合理的理由，这就是所谓的共鸣。与对方观点背后的经历、情感、价值观有所共鸣，并不等于抛弃你自己的想法。

倾听，也可以用于构筑与对方的信赖关系。有关这一点，我将在后面详述。

在对话中，理想的共鸣式的倾听方法，并不是你的单向行为，而应该是你与对方的双向行为。

各自保留自己的判断与评价，进行对话，这样两个人都能够学到东西。

但遗憾的是，很多时候，就算我们摆出愿意积极对话的姿态，对方却并不是这样想的。即使真的遇到这种情况，也请从自己做起，主动去推进对话。如果有机会的话，就请求对方也加入对话中来。

即使遇到了不同的观点，也主动保留自身的判断与评价，通过"你为什么这么觉得？""你有怎样的经历？"等问题，询问对方意见背后的经历。对方的回答中，应该含有一些信息，能帮助你了解他的情感与价值观。

如果在对话的过程中遇到了反对意见，请记住，对方并不是在反对你的意见本身，他只是在维护其意见背后的价值观。如果能够牢记这一点，意见的对立也就不再可怕。

在倾听时与对方进行共鸣，理解对方所重视的东西是什么，就能有针对性地改变自己的说明方式。但是，如果你认为对方是在反对你的意见本身，这场对话就会成为一场孰胜孰败的争论，你也就无法从反对意见中学到东西了。

当你与他人组成团队展开工作时，意见的不同与对立是司空见惯、不足为奇的。正是因为团队中的每个人都有着自己的个性，所以团队才能够携手挑战不可能。但如果团队刚组建的时候，要求他们立即产出全新的创意，是不现实的。我们需要借助对话的能力，让团队的多样性催生出化学反应。如果你想要发挥团队人才多样性的优势，请一定多多借助对话的力量。

## 不惧对立

在荷兰，孩子们从幼儿期开始就要进行对话练习。荷兰的小朋友们优秀的对话能力让我感到很震惊，所以我也对自己的对话能力进行了反省，并开始致力于在日本普及荷兰的公民教育项目"和谐校园（Peaceful School）"。

"民主社会的前提是对立"，这句话是荷兰的公民教育给我的启示之一。想一想，这话说得还真是没错。在民主社会，每个人都可以有自己的意见与观点，并且应该坦诚说出来。意见相左，也是很正常的事。

荷兰的小朋友们在上小学（在荷兰，孩子们将从4岁开始，接受为期8年的小学教育）之后，老师们都会告诉他们："即使和其他小朋友意见不同，也还是要和他们做好朋友。"另外，老师们还会告诉孩子们，每个人都有责任对其他小朋友的意见表达清晰的态度，包括"赞成""反对"，或是"不知道"。

同时，孩子们在阐述自己的意见时，还被要求带上相应的理由与例子，从4岁开始就要学会和别人分享自己意见背后的经历与知识。另外，学校还教导孩子们，可以通过对话，改变自己的想法。

从荷兰的公民教育中，我们可以看出，如果掌握反思的技巧，我们的对话能力就能得到提升，而且还会养成不惧对立的心态。说到底，我们的观点，都是以在过去的无数段经历中形成的价值观为基础的，因此，别人的经历与我们不同，其价值观自然也不同。那么，其观点与我们不同，也并不是什么奇怪的事。

要想让人才的多样性催生团队的化学反应，关键在于将多样性这个抽象的概念具象化。不要把观点的差异看作是人与人之间的对立，而要享受与不同观点的邂逅——如果没有这样的良好心态，多样性是不会催生化学反应的。这也是我们需要提升自己的对话能力的原因之一。

## 从他人的价值观中学习

世界很大，我们不可能自己亲身体验所有的经历，但是我们可以通过倾听有不同经历的人的故事，无限扩大自己的知识面。体会对方的经历以及经历背后的情感，想象自己身处他的世界，这也是倾听的乐趣所在。

除了直接用语言与人进行交流，我们还可以通过书籍、TED演讲之类的视频与不同经历的人进行"对话"。

这种时候，其重点在于，不要只是单纯地做一台吸收信息的机器，而要学会保留自己的判断与评价，用共鸣的方式去倾听对方的世界。当你机械地去获取信息时，你已经往这个信息里加入了自己的解释，也就无法从他人的经历中学到东西。

保留自己的判断与评价，尝试进入对方的世界、间接体验对方的经历、品味对方的世界、思考对方的世界中所重视的东西是什么，通过这些行为，进一步发散自己的想象力，与对方进行"交流"，这样就能将作者与演讲者的观念接纳为自己的东西。

这里我就用我自己的例子来进行说明吧。经营学的世界，是随着商业的发展而不断进化的。因为工作的关系，我自己也一直在有意识地关注经营学的一些新理论。比如，最近我就接触到了"青色组织""合弄制"等新的组织理论，并正在通过对话，从他人的经历中学习知识。

青色组织理论和合弄制理论，都提倡建立一种没有上级或管理者的扁平化的组织结构。第一次听到这两种理论时，我真的感到很震惊，我就想："那样的话，组织应该怎么运作呢？"

提倡合弄制理论的布莱恩·J.罗伯特森，他自己也是一个创办过多家公司的经营者，他制定了合弄制章程，并且一直从事科普合弄制组织运作方法的活动。他曾经来过日本，并且举办了一次一日研修会，这个研修会我也参加了。在会上，他告诉我们，"在合弄制组织中，上级并不是某个人，而是某种使命（即组织存在的理由）"，"组织中的每个人都和组织的使命联系在一起，这样的话，每个成员的创造性张力都能推动他们去发现、解决问题"。在合弄制组织中，每个人都是经营者，所有人在同一目的的引导下团结为一体。这种状态，虽然我大致也能想象出来，但问题是，到了具体实践的时候应该怎么做呢？

因此，为了更好地理解"没有管理者的组织"，我找到了钻石传媒公司的创始人武井浩三先生，他在日本践行青色组织理论已经将近十年了。我使用认知四要素框架，倾听了他的话，得出了以下结果。


### 从他人经历中学习的倾听方式

#### • 观点

我希望我的企业的经营模式是没有经营者的个人色彩在里面的，于是，我们以此为目标，不断探索，最终形成了这样一个以自我管理为前提的扁平化组织。

#### • 经历

在创立钻石传媒之前，我创立其他公司的时候，就曾经拉上了好朋友们一起创业，当时害得他们很辛苦。他们非常信任我，从大公司离职，参与建立了一家初创公司，但那家公司的经营状况却不太理想。而在钻石传媒，我们通过 IT 手段，保证经营信息对所有成员 100% 地公开透明，进而营造了所有员工都能参与到公司决策中的良好环境。

• 情感

（对相信自己而加入新公司的朋友们）感到抱歉。

（建立了排除个人色彩的组织）快乐。

• 价值观

高质量的决策、自我生长的组织。

通过使用认知四要素框架倾听武井先生的话，我感觉自己对青色组织这个概念有了更切身的体会。另外，就算是组织的高层有时也会犯错，这个例子，在企业经营的过程中也是经常出现的经典问题，所以，这一点也让我产生了共鸣。

就像这样，我没有加入任何自己的解释，认真听取了对方的经历与重视的价值观，学习就更深入了一层。

## 活用观点的多样性，达成一致

"比起靠一个人的意志做出决策，综合各种意见再做出决定会更好"，有这样经历的人，出乎意料地少。在出现多种观点时，应该有不少人不知道应该怎么应付这种情况吧？其实，这种时候，对话也能派上用场。

那么，我将通过介绍与他人达成一致的方法，为大家说明应该怎样在对话中灵活运用观点的多样性（严格来说，不是"观点的多样性"

而是"价值观的多样性")。

首先，要想与他人达成一致，我们不应该聚焦于观点的差异，而是要聚焦于观点背后的经历与价值观。比起单靠某一个人的意志做决定，这样做，能让我们从更为多面的视角看待问题，最终做出高质量的决策。

在图2-2的例子中，来自广告公司的A某和来自建筑公司的B某，正在针对"哪根线更长"进行争论。

二人的意见之所以相左，是由他们的"测量值"与"视觉"这两种价值观决定的。如果观点有分歧，我们就应该关注观点背后价值观的差异。在搞清楚各自观点背后的价值观之后，我们就应该回到对话的目的上来。为什么要进行对话？为什么需要达成一致？我们需要就对话的目的达成一致。

比如，在这一例子中，二人就需要就对话的目的达成一致——我们到底是在讨论制作海报的事，还是讨论建筑图纸设计的事，还是这两者之外的什么东西。

如果就对话的目的达成了一致，那么就根据这一目的，给各种意见背后的价值观排一下优先级。如果目的是制作海报，那就以视觉为优先，如果目的是设计建筑图纸，那就以测量值为优先。

视角不同的人聚在一起，你或许会担心因为观点太多，所以应付不来，但如果你掌握了反思和对话的技巧，就完全不需要感到为难。

下面两条线，哪一根更长？

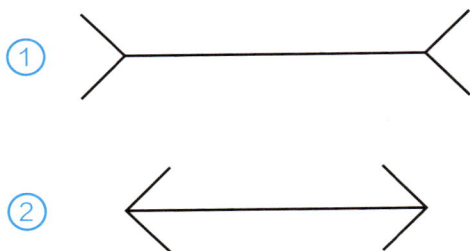

| A某（广告） | | B某（建筑） |
|---|---|---|
| ①更长 | 观点 | ①和②一样长 |
| 因为看起来更长 | 经验 | ①只是看起来更长 |
| 视觉·目测 | 价值观 | 视觉·目测 |

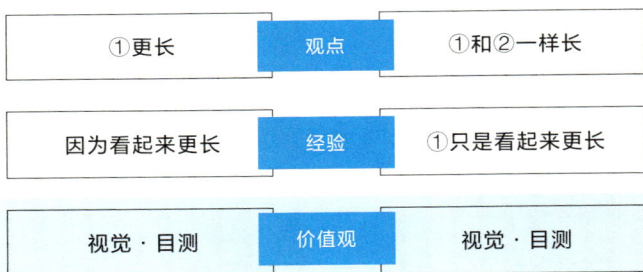

图 2-2 根据对话的目的去达成一致

💡 **根据讨论的目的不同，价值观的优先级也会发生改变。**

**POINT**
要点

如果是海报设计：A某的价值观优先；
如果是建筑物的设计图：B某的价值观优先。

那么，就让我们来看一下，要达成一致，实际需要经过哪些步骤吧。

## 达成一致意见的步骤

■ **步骤 1　通过观点、经历、价值观的三要素，互相分享各自的观点**

（在达成一致的实践中，我们省略了情感这一要素）

找出各自观点背后的价值观，制成清单。

找出的价值观越多，就越容易理解意见相左背后的原因。

■ **步骤 2　就对话的目的进行商议**

■ **步骤 3　确定对话的目的后，就根据目的决定价值观的优先级**

■ **步骤 4　达成一致意见**

通过这样几个步骤，达成一致的话，就能够客观地审视双方的观点，所以，就算出现了不同意见，你也完全不会感到不舒服。另外，经过这些步骤，对话参与者们各自的思考也会更深入，所以最终决策的质量也会得到提升。

### 步骤 1 价值观的理解

将各自观点背后的价值观的差异可视化。

■ **新员工欢迎会的提案**

• 观点

最近有新成员加入，我们正好搞一次烤肉派对，作为团建活动吧。

## • 经历

过去，有一个新成员加入后，因为不敢向其他成员求助，就一个人闷头解决某个问题，最后这个问题演变成了一个大麻烦。

## • 价值观

· 表示对新成员的欢迎。

· 有了问题能够立即向他人寻求帮助的人际关系。

· 避免麻烦事。

· 建立一个能互帮互助的团队。

· 换个地方，成员们就能畅谈工作之外的事。

· 比起居酒屋，烤肉派对更能促进成员间的交流。


### ■ 反对意见

## • 观点

工作本身就很忙了，团建还要占用我周末的时间，这让我感到不舒服。其实，只要每个人在工作时负起责任，好好工作，也能够构建彼此之间的信赖关系与良好的人际关系。

## • 经历

周末我都是在家看我喜欢的电影和书，不太喜欢去户外玩。工作中值得信任的人，是那些对自己的工作有责任心的人。工作上的信赖关系，是在实际工作过程中逐渐构建起来的。

## • 价值观

· 周末是我的个人时间。

· 为了管理好健康状态，良好的休息是很重要的。

· 转换心情是很重要的。

· 人要对自己的工作有责任心。

· 人际关系可以在工作过程中去构建。

我们找出的价值观越多，就越容易理解意见相左背后的原因。

如果你已经找出了观点背后的所有价值观，那接下来就可以回到对话的目的上来了。

### 步骤 2 "达成一致"的目的

基于价值观的差异，搞清楚达成一致意见的目的何在。

观点不同的这两个人，他们现在应该做的，不是争论该不该组织烤肉派对，而是要针对其目的讨论并达成一致。在梳理清楚两人各自价值观的基础上，他们就派对的目的进行了探讨，最终一致认为，派对的目的，也就是这次对话的目的，是"营造轻松的环境，让新人能够在需要的时候毫无顾虑地求助他人，为了业务能够顺利开展，避免麻烦事"。

### 步骤 3 价值观的优先级

根据目的，决定价值观的优先级。

为了实现"营造轻松的环境，让新人能够在需要的时候毫无顾虑地求助他人，为了业务能够顺利开展避免麻烦事"这一目的，应该做什么？在讨论这一点之前，我们应该先决定二人价值观的优先级。

根据二人商定的结果，他们就价值观的优先级做出了如下决定。

· 新人与老成员们互相了解的机会。

· 每个成员都能好好完成自己的任务。

· 维持成员们的工作积极性。

· 顾及成员们生活与工作的平衡。

**步骤 4 达成一致意见**

基于在步骤 2 商定的对话目的，所有人互相分享自己的创意，并根据之前决定的价值观的优先级进行评价。

在这一事例中，二人最终达成一致，决定工作日在办公室，趁着午饭时间进行一次团建欢迎会。因为是成员之间互相了解的机会，所以，为了迎接新人，老成员们也都认真准备了有趣的自我介绍。

# 观点发生对立时如何达成一致

以烤肉派对欢迎会为例

## STEP 1 理解价值观

将各自观点背后的价值观的差异可视化

|  | 欢迎会的提案 | 反对意见 |
|---|---|---|
| 观点 | 最近有新成员加入，我们正好搞一次烤肉派对，作为团建活动吧 | 工作本身就很忙了，团建还要占用我周末的时间，这让我感到不舒服<br>其实，只要每个人在工作时负起责任，好好工作，也能够构建彼此之间的信赖关系与良好的人际关系 |
| 经历 | 过去，有一个新成员加入后，因为不敢向其他成员求助，所以就一个人埋头解决某个问题，最后这个问题演变成了一个大麻烦 | 周末我都是悠闲地在家看自己喜欢的电影和书，不太喜欢去户外玩<br>工作中值得信任的人，是那些对自己工作有责任心的人。工作上的信赖关系，是在实际工作的过程中逐渐构建起来的 |
| 价值观 | ·有了问题能够立即向他人寻求帮助的人际关系<br>·想要表示对新成员的欢迎<br>·想要避免麻烦事<br>·想要建立一个能互帮互助的团队 | ·周末是我的个人时间<br>·转换心情、休息的时间<br>·人要对自己的工作抱有责任心<br>·人际关系可以在工作的过程中去构建 |

## STEP 2 "达成一致"的目的

**基于价值观的差异，搞清楚达成一致的目的何在**

·营造轻松的环境，让新人能够在需要的时候毫无顾虑地求助他人。
·为了业务能够顺利开展、避免麻烦事。

## STEP 3 价值观的优先级

**根据目的，决定价值观的优先级**

·新人与老成员们互相了解的机会。
·每个成员都能好好完成自己的任务。
·维持成员们的工作积极性。
·考虑到成员们生活与工作的平衡。

## STEP 4 达成一致意见

**融合各方的价值观，以达成目的**

在办公室，利用午餐的时间进行团建欢迎会

在对话过程中，"达成一致观点"算是终极目标了。在理想状态下，每个人都应该拥有引出对方观点以及经历、价值观的能力。因此，我推荐各位领袖让自己团队中的所有成员都能养成使用认知四要素框架进行反思以及对话的习惯。每个人都能提出自己的观点，同时又能保留自己的价值判断，展现出更深入理解他人观点的姿态，这样的话，整个团队就能最大限度地活用成员观点的多样性。

另外，通过不断积累成功达成一致意见的经验，团队中的每个人应该都会树立"比起靠一个人的意志做出决策，大家一起做出的决定会更好"的信念。为此，你作为领袖，应该作为第一个吃螃蟹的人，带动大家一起参与到达成一致的过程中来。

## 本节要点

○ 如果有对话与倾听的机会，别忘了使用认知四要素框架，倾听他人的意见。

○ 从价值观层面，与同事、伙伴进行对话，增进互相理解与信任。

○ 发挥自己的对话能力，从他人的经历中学习、获取新的观念。

○ 培养团队成员的对话能力，建立一支能够活用多样的观点，最终达成一致意见的团队。

# 第3章 人才培养篇

## 培养自律型学习者

# 培养能够自主前进的部下

在本章中，我将向大家介绍如何借助反思的力量去培养部下。

如今，不管是整个社会还是各种组织，都在经历从管理型到自律型的转变。这样的社会趋势，要求我们所有人也都能够自律地去学习、成长。带领团队与组织走向成功的，不是使用命令与管理手段推动部下行动的领袖，而是能够激发成员的自主性、使其不断成长的领袖。

我在第 1 章中介绍了反思的五种方法，这五种方法可以帮助你成为一名自律型学习者。

当然，我们不能光顾着锻炼自己作为一名自律型学习者的技能，还应该发挥自己的领导力，努力让周围涌现出更多的自律型学习者。如果我们能够提升自己将他人培养成自律型学习者的能力，就能让整个团队拥有自主前进的力量。

最近很火的"青色组织"，是一种摒弃了金字塔式组织架构，以组织的"目的"替代老板作用的一种扁平化组织。在青色组织中，所有成员都能自律地开展行动，这是非常自然的事。可以说，一个青色组织的所有成员，都是自律型学习者。也就是说，如果你想让自己的团队也成为青色组织，那你就需要先把成员们培养成自律型学习者。

但是，所谓的"激发成员的自律性"，可不是让你放养他们。成人发展理论告诉我们，和孩子一样，大人的成长过程，也是需要他人进行干预的。

欧美企业虽然并不奉行终身雇佣的用人制度，但培养部下仍然是管理者的重要职责之一。美国的 GE，包括 CEO 在内的所有管理者，都将自己 30% 左右的时间花在人才培养上。

我曾有幸拜访过 GE 的领导力培训中心，那天好像正好是管培生们的培训日，我看到了时任 CEO 杰弗里·伊梅尔特在茶歇时与学员们聊天。于是，我就咨询了一下培训中心的负责人，为什么伊梅尔特会在那里，对方回答说："在 GE，这是再平常不过的事。从杰克·韦尔奇时代开始，CEO 都会亲自担任管培生的培训老师。"后来，我上了一堂与领导力有关的课程，其讲师正是 GE 日本分公司的负责人安渊圣司先生。安渊先生当时就跟我说，GE 日本分公司也深入贯彻了"人才培养 30% 原则"。另外，在组织图的每个人的名字旁边，都会备注这个人"已在该岗位 × 年"，这样的话就能根据每个人的情况，决定是否应该让这位员工体验一些新的工作内容。

即使是一些十分优秀的部门经理，也会觉得，比起培养别人，"我自己做事更快、更轻松"，因此把培养部下放在较低的优先级。对于小的团队和职责范围较小的岗位来说，这一工作方式或许更加高效，但一旦团队成员增加，职责范围变大，这一模式总有一天会达到所能承受的极限。因此，在那之前，我们应该趁着自己还能抽出空闲去和团队中的每个成员对话，把更多的时间投资在锻炼培养下属的能力上。

在本章，我将从以下 7 个观点，介绍如何活用反思的力量。

■ 培养自主性
■ 培养自主思考的能力

- **达成一致的预期**
- **倾听经历、情感、价值观，构筑信赖关系**
- **找出对方的强项，并加以赞美**
- **支持对方的成长**
- **持续提升自己培养下属的能力**

请大家通过不断重复反思与对话，持续提升自己培养下属的能力。

## 本节要点

○ 活用第 1 章介绍的 5 种方法，培养能自主前进的自律型人才。

○ 通过不断重复反思与对话，持续提升自己培养下属的能力。

# 培养自主性

说起自主性这个词，大家会有怎样的印象呢？

就算我不一一下命令，部下也会按照我的期待那样行动，这样的话，这个人就算是"有自主性"。反之，如果我不下命令，他就不知道怎么办，对于这样的人，我就希望"他工作时能更有自主性"。大家是不是这样想的呢？这时，我们对自主性的定义就是："为了领导或者组织期望你完成的工作，独立思考，自主行动"。

但是，请各位读者不要满足于这种对于自主性的定义。自律型人才需要具备的自我管理能力，可不只是这种级别的自主性这么简单。

在本书中，我们要培养的自主性，是以"对自己所定下的目的的承诺"为前提的。就算你的这一目的，初衷可能只是为了不辜负上司与组织对自己的期望，但在真正开展行动之前，我们也需要把它转化为自己的东西。

不管是面对需要挑战新事物的工作，还是提升自己某项技能的时候，我们都需要高速高效地践行"明确目的，建立假设，展开行动，进行反思，接近正确答案"这一学习流程。

在培养他人的自主性时，首先，我们应该协助他们，养成使用第1章介绍的五种基本方法的习惯。

美国的汽车生产商通用汽车公司，向来以人才辈出而闻名，在通用汽车内部，有一个词叫作"言行一致率"。意思是指，领袖需要通过自我回顾以及从他人口中获取反馈，确认自己的言行是否一致。

人才培养的不二法则，是在向对方提出要求之前，先用自己的言行做出表率。然后，再去要求下属做到像自己这样。与此同时，我们还要从组织文化层面下手，营造一个让所有成员都能践行领导的要求的工作环境。

如果你所指导的员工学会了第 1 章所介绍的五种反思方法，你就可以期待他们在以下方面取得成长。

■ **认识你自己的反思**

了解自己的动力之源，是我们确定行动目的的基础。

■ **构建愿景的反思**

形成与动机之源相联系的行动目的，接下来就能构建自己的愿景。

■ **从过往经历中学习的反思**

建立假设，展开行动，实现愿景，从过往经历中学习。

■ **从多元的世界中学习的反思**

在挑战未知的问题时，可以从多样的视角，提出创造性的解决方案。

■ **逆学习的反思**

当过去的成功经验不再管用时，可以抛弃自己的旧知识，从全新的视角提出解决方案。

掌握这五大基本方法的人，能够为了实现自己所定下的行动目的而主动学习。这才是今后我们需要具备的自主性。因为在行动之前，我们已经建立了假设，因此从过往经历中学习的目的也会变得很明确。

## 今后所需要的自主性

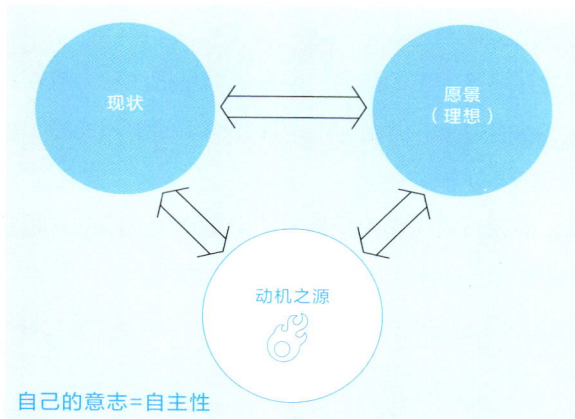

现状 ⟺ 愿景（理想）

动机之源

自己的意志=自主性

## 过去所需要的自主性

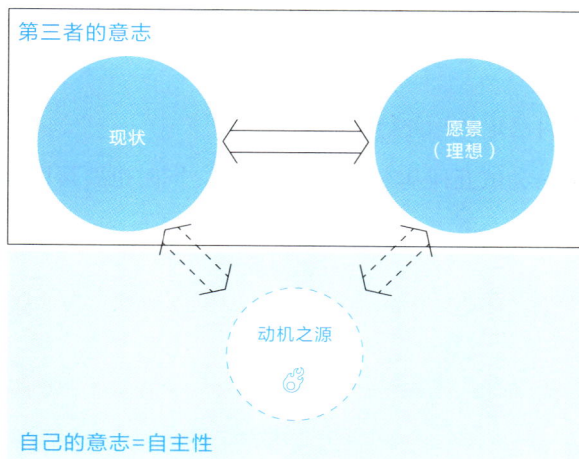

第三者的意志

现状 ⟺ 愿景（理想）

动机之源

自己的意志=自主性

图 3-1 两种自主性中，由自己的主观意志决定的范围

因此，拥有自主性的人，理解东西的速度更快，在接受指导与培养的时候，也就不会花费领导太多的时间。所以，领袖不应该只想着自己如何活用五大基本方法，而要努力让成员们也掌握这些方法，进而提升人才培养的效率。

说到提升培养部下的能力，很多人容易把注意力放在直接提升领导自身的培养能力上。但实际上，提升部下的学习能力，也能间接提升领导的培养能力。

所以，请在日常工作中积极实践第 1 章所介绍的五种基本方法，同时还要锻炼自己指导他人使用这五种方法的能力。

## 本节要点

○ 培养能自己定目标并行动的部下。
○ 除了自己尝试五种基本反思方法之外，同时也要帮助部下们掌握这些方法。

# 培养自主思考的能力

　　有自主性的人，能够用自己的脑子去思考，并据此展开行动。能够进行自主思考的人，在思考"什么（What）"时，会从"为什么（Why）"的角度，而不是从"怎么做（How）"的角度去思考。

## 从"为什么（Why）"的角度去思考

　　在锻炼自己从"为什么（Why）"角度的思考能力时，认知四要素框架也能派上用场。如果能够善用认知四要素框架，我们不仅能提出自己的意见，还能养成对背后的"原因（Why）"，也就是对经历、情感、价值观进行元认知的习惯。另外，通过关注自己的价值观，我们能够搞清楚自己做判断的标准是什么，这也是"为什么（Why）"的一部分。

　　作为一个领袖，我们应该注意的是，不要让下属们只用观点来回答"为什么（Why）"。我们应该从经历与价值观的角度，去询问他们这样想的原因。

　　这样的话，他们本人也能够对自己观点背后的价值观进行元认知。

　　让我们一起来看一个例子吧。大家在阅读以下事例时，请想象我们正在使用认知四要素框架去倾听对方说的话，进而引导对方说出"为什么（Why）"。

## 引导对方说出"为什么（Why）"

与下属进行对话，对话的主题是：他认为在接下来即将开始的项目中，我们应该重视什么东西。

你的问题：为了成功完成这个项目，你觉得我们应该重视什么？

回答：愿景要明确。（观点）

你的问题：你为什么认为愿景很重要？（探求经历、情感、价值观。）

回答：以前，我参与的一个项目，项目组的成员都很优秀，但是项目进展却不太理想，所以我当时感觉压力很大。（经历）那个项目的目标是规划一项新的业务，但是我们并不知道公司具体希望我们开拓怎样的新业务，项目内部也迟迟没有决定项目成功的评判标准。（价值观）项目内部的讨论一直都没有一个确定的结果，让我觉得很心累。（情感）

你的问题：那么，从这段经历中，你为什么会觉得愿景很重要呢？

回答：因为我觉得，如果无法就成功的评价标准达成一致的话，团队想要创造美好的未来，是很困难的。

你的问题：要实现项目的成功，明确的愿景很重要，也就是说，团队成员们需要有一个共同的对成功的评价标准，是吗？

接下来，我们就用认知四要素框架，对这段对话进行一番整理吧。

152　　第 3 章　　培养自律型学习者

• 观点

要想让项目取得成功，有一个明确的愿景是很重要的。

• 经历

以前，我参与的一个项目，项目组的成员都很优秀，但是项目进展却不太理想，所以我当时感觉压力很大。那个项目的目标是规划一项新的业务，但是我们并不知道公司具体希望我们开拓怎样的新业务，所以项目组内部制定计划时非常困难。

• 情感

辛苦、压力。

• 价值观

明确的目标、成功的评价标准。

像这样，通过活用认知四要素框架，我们的思考就会变得更加深入。这一过程的关键在于，培养客观看待并仔细考虑意见背后的"为什么（Why）"的能力。

如果发现意见背后存在着某种非常强烈的情感（愤怒、悲伤等），认知四要素框架也有助于我们对这种情感进行元认知。

## 让部下对其意见背后的强烈情感进行元认知

观点：如果不进行人事变更，这样下去，项目会发生混乱的。

你的问题：为什么你觉得我们需要做出人事变更？（探求经历、情感、价值观。）

回答：项目组里，资历较浅的成员过多了，我和他们的交流成本很高。就算制定好了计划，也有几个成员不懂这个计划什么意思，我还得浪费时间去跟他们解释。这些时间如果用在项目开发上，项目进度可能还会快上不少呢！

你的问题：通过这次反思，你对自己的情绪有什么新的理解？（询问经历、情感、价值观。）

回答：因为我感觉开发进度会赶不上，所以感到了压力。明明我自己一个人来做进度会更快，所以我感觉自己被那些无能的成员给拖累了。

你的问题：你能总结一下，自己感到压力的原因（为什么）吗？

回答：开发进度滞后。没有百分百发挥自己的能力。究其原因，是因为有些成员太弱了。

你的问题：通过这次反思，你对自己一开始的意见（不进行人员变更的话，项目就会陷入混乱）怎么看？

回答：如果是以这样的团队阵容去做这个项目，那么我觉得我们需要把开发日程调整得更加务实一些。如果不进行人员变更，而我又必须负责指导他们的话，调整开发日程，应该是最现实的办法了。

接下来，就用认知四要素框架，对这段对话进行整理吧。

• 观点
不进行人员变更的话，项目就会陷入混乱。

- **经历**

项目组里，资历较浅的成员过多了，我和他们的交流成本很高。就算制定好了计划，也有几个成员不懂这个计划什么意思，我还得浪费时间去跟他们解释。这些时间如果用在项目开发上，项目进度可能还会快上不少呢！

- **情感**

（开发进度滞后）焦急，（没有百分百发挥自己的能力）遗憾。

- **价值观**

速度、严格遵守日程安排、发挥自己的全部能力，给团队做出贡献。

通过借助认知四要素框架，重复反思的过程，养成问自己"我为什么会这么想"的习惯，我们的元认知能力就能得到提升，对事物的思考也能更加深入，进而获得优秀的判断力。

我们要帮助下属，让他们在倾听他人意见时，养成多问"为什么（Why）"，了解意见背后的含义的习惯，用自己的头脑去进行思考。

## 从我做起，告诉别人"为什么（Why）"

美国知名营销顾问西蒙·斯涅克曾说过，"伟大的领袖，会告诉别人'为什么（Why）'"，并提出了由"为什么（Why）""什么（What）""怎么做（How）"三种要素组成的"黄金圈"法则。在介绍这一理论时，他以史蒂夫·乔布斯的演讲作为典型案例。

在新产品发布会上，乔布斯告诉听众们的，并不是产品的规格如何如何，而是"为什么（Why）iPhone会存在于这个世界上，iPhone会给我们的人生带来什么样（What）的变化"。

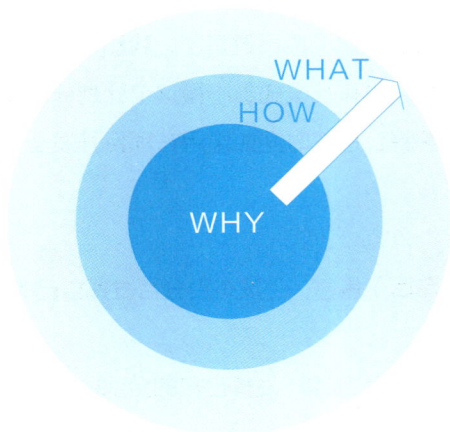

图 3-2 黄金圈理论

黄金圈，是伟大的领袖们畅聊自己的愿景时所常用的技巧，同时，这一框架也可以被应用在与部下们的交流上，以帮助他们形成自主性。只告诉部下们"应该做什么（What），应该怎样做（How）"，这样简单粗暴的命令，很有可能会剥夺他们提升自主性的机会。因此，在下命令时，我们也应该清楚明确地告诉他们"为什么（Why）"。

另外，如果你是接受命令的那一方，你也不应该只是确认"我应该做什么（What），应该怎样做（How）"，而是要在理解"为什么（Why）"的基础上，再去认真努力地工作。

### 能够培养自主性的命令方式

在给部下下达命令时，请严守"为什么（Why）""什么（What）""怎么做（How）"的顺序。比如说，如果你在命令部下展开营销攻势前事先做一下准备的话……

■ 为什么（Why）

为了在 XX 界取得最大的市场份额，我们必须拿下身为业界龙头老大的 X 客户，所以，在展开营销攻势前，我们需要做好万全的准备。

■ 什么（What）

在去拜访 X 客户前，请事先做好准备。

■ 怎么做（How）

我希望你去查一下我司过去的合作经历以及销售成绩。

我希望你去收集一下对方公司的发展战略之类及与客户需求相关的信息。

只告诉部下"应该做什么（What），应该怎样做（How）"，还是先告诉部下"为什么（Why）"，这两种下命令的方式，哪一种能让部下进行更好的准备呢？结果应该显而易见了。

另外，不只是在下达命令的时候，在告知部下自己判断的时候，我们也要告诉他们"为什么（Why）"，以帮助他们形成优秀的判断力。

## 培养下属判断力的传达方式

比如说，如果我们要告诉部下，下次新员工培训主题的大致方向，我们应该如何传达呢？

A 方案：制作事业部的介绍视频。

B 方案：用连环画剧的形式，展现事业部 10 年后的样貌。

■ 如果你只告诉他结论

这次就采用 B 方案吧。

■ **如果你依照认知四要素框架，告诉他结论和"为什么（Why）"**

• 意见

这次，我想就采用 B 方案吧。

• 经历

去年，我们让新员工们将自己对事业部的研究整理成 PPT，并向大家进行了展示。一些优秀的新员工做出来的展示材料，看上去真的很专业。但是，他们所展示的东西，并没有加入他们自己的想法，而且每个人做出来的东西都差不多。

• 情感

很遗憾。

• 价值观

我希望新员工能够努力产出自己的想法与思考。

如果能够用认知四要素框架去解释自己所做判断的理由，部下就能够理解"之所以决定使用 B 方案，是因为领导认为，让新员工产出自己的想法与思考是非常重要的，只是正好采用了连环画剧这种形式罢了"。

清楚明确地传达自己想法背后的价值观，能够帮助部下形成自己的判断标准。当团队成员们的判断标准趋向一致时，团队也就能朝着一致的方向一同前进，最终能够提升团队协同作战的能力。

但是，在与他人交流过程中，我们并不需要每次都把四个要素全告诉对方。我们可以根据具体情况，选择是使用四要素框架，还是从中选取两三个要素进行传达。

■ **四要素 【观点】【经历】【情感】【价值观】**

■ **三要素 【观点】【经历】【价值观】**

■ **二要素 【观点】【经历】**

## 四要素：观点、经历、情感、价值观

| 观点 | 观点 |
|---|---|
| 经验 | 这一观点背后，是一段怎样的经历（包括你所知道的知识）？ |
| 感情 | 这段经历，连接着一种怎样的情感？ |
| 价值观 | 从中可以看出，你所重视的价值观是什么？ |

**POINT**
要点
想要对自己的内在进行元认知的时候；
想要用共鸣的方式去倾听他人的意见的时候。

## 三要素：观点、经历、价值观

| 观点 | 观点 |
|---|---|
| 经验 | 这一观点背后，是一段怎样的经历（包括你所知道的知识）？ |
| 价值观 | 从中可以看出，你所重视的价值观是什么？ |

**POINT**
要点
决定事情的时候；
想要正确理解他人的意见的时候。

## 二要素：观点、经历

| 观点 | 观点 |
|---|---|
| 经验 | 这一观点背后，是一段怎样的经历（包括你所知道的知识）？ |

**POINT**
要点
传达自己观点时所使用的最简单的框架。

图 3-3 灵活变通地运用认知四要素框架

## 本节要点

○ 所谓领导力，是指某人通过自己的言行与存在，促使其他人也积极主动地做事的影响力。

○ 理想的团队，应该是所有成员都能发挥自己的长处和领导力的地方。

○ 要努力成为一个了解自己、拥有坚定原则的真诚的领袖。

○ 重复实践与反思的过程，展现"真诚领导力"。

# 达成一致的预期

在开展工作时，如果能够达成预先设定的目标，就能让成员们感受到工作的价值，并提升他们的自信心。同时，达成目标，也能让我们收获周围人的信赖与好评。

为此，团队中的每个成员都应该正确理解自己的目标（使命）。如果目标不明确，连反思都无法进行。

如果对于你所交代的工作，部下并没有拿出你所期待的表现，那么导致这种情况的原因可能有很多。一种可能性是，因为其本人实际的经验或者能力，和你所期待的能力之间尚存差距。

但还有一种可能是，"我以为我传达清楚了，他也以为自己理解对了，但实际上，从一开始，我们俩对这项工作的预期就是不一致的"。在实际工作开展中，这样的情况其实出乎意料地多。

部下自信满满地来向你报告，说"我完成任务了"，结果你却失望地发现，"这和我想要的不一样啊……"不知大家有没有类似的经历呢？

实际的成果之所以会与我们期待的不同，究其原因，是"双方理解的差异"。在理解你的命令时，部下所使用的经历、价值观，并不一定和你完全相同。因此，双方就会以"我以为我传达清楚了""他以为他理解清楚了"的状态开始推进工作。但是，如果我们能活用认知四要素框架，朝着接下来将要介绍的"SMART 的目标"努力，就能有效减少这种"理解的差异"。

所谓目标管理的 SMART 原则，就是由以下五个英语单词的首字母组成的。

■ S-SPECIFIC
（具体明确的目标）能具体阐述自己的目标是什么。

■ M-MEASURABLE
（可衡量性）搞清楚成功的评价标准是什么。

■ A-ACHIEVABLE
（可实现性，同时也具有一定的挑战性）根据自己的经历与能力，确保目标的难度既不过高，也不过低。

■ R-RELEVANT
（与组织需求的相关性）确保这一目标是符合客户或组织需求的，有意义的。要解释清楚这个目标与组织的愿景、战略、方针等的相关性。R 这个要素，能让部下拔高视角，从组织整体的角度去俯瞰问题。

■ T-TIME
（时间轴、日程）明确日程安排。

在 SMART 原则中，SPECIFIC（详细具体地传达目标）、TIME（明确最后期限），这两点其实我们每个人平常都已经在做了。

但与此相对，对于 MEASURABLE（可衡量性）、ACHIEVABLE（可实现性，同时也具有一定的挑战性）、RELEVANT（与组织需求的相关性），我们在工作中可能并没有关注这三者的习惯。

其中，对于自律型学习者们来说，成功的评价标准，是非常重要的行动指针。用来衡量成功的评价标准，不单单只是定量的标准，也包含定性的标准。

如果是营销岗的话，设定一个定量目标或许很简单，但如果是行政类的工作，设定定量的目标就比较难了，所以可能就会有人觉得，对于这种岗位，是无法设定一个可衡量的评价标准的。

遇到这种情况，你就可以针对工作的质量去设定一个定性的评价标准。例如，如果是制作文件的话，那么，"希望和之前制作的文件的质量一样"，这也可以是一种评价标准。

如果你觉得"质量"这个说法太模棱两可了，那就用分析的颗粒度、信息量、格式、页数等，将"质量"具体分解为多个维度，使你与部下的认识能够达成一致。

即使是在设定成功的评价标准时，通过认知四要素框架，用自己的语言，将自己意见背后的判断尺度（价值观）具象化的能力也能派上用场。将你的理想图景（观点）放到对应的经历中，搞明白要让自己的内心（情感）感到满足，需要达成哪些条件（价值观），进而找出几个成功的评价标准作为候选项。

重点在于，对于工作成果，双方的满意度要趋向于一致。"部下本人很满意，但你却并不满意"，这种状态，就是双方对任务的预期不一致所造成的后果。为了让部下拿出我们所期待的成果，我们应该努力消除这种预期之间的差异。

我们最应该努力避免的，是提出一些很模糊的目标，然后拉着部下或者成员们挑战一些与最终目的毫不相关的任务。可想而知，不管团队为了这种目标再辛苦、再努力，都不会有人赞美他们的。这种毫无意义的挑战，并不会帮助成员们成长，只会打击他们的士气。

对于自己正在努力做的事，要有明确的成功的评价标准，养成这样的思考习惯，有助于支持部下们独立自主地开展行动。

请各位善用 SMART 原则，进行预期管理，让每个部下都能正确理解上司所期待的成果是什么，在此基础上，再去开展行动。

## WORK 小作业 | 用 SMART 原则给下属安排工作

我们将以安排部下准备某场会议的情景为例子，解释如何使用 SMART 原则，避免产生预期上的差异。

### SMART 原则的例子

| SPECIFIC | 在前往X公司（客户）开展营销活动前，我们将召开一次准备会议。所以，我希望你做一下会议准备，收集一些信息，用于充实我们的提案的内容，并将基础数据与提案内容整合成一份资料 |
|---|---|
| MEASURABLE | 我希望你准备以下资料。<br>•我们公司过去的合作经历以及销售成绩<br>•过去的销售成绩，给那些客户的发展战略带去了怎样的附加价值<br>•X公司最新的发展战略，以及引进我公司的新服务会给他们带去怎样的价值 |
| ACHIEVEABLE | X公司是业界第一的企业，所以，这次的目标销售额很高，颇具挑战性，但我们针对Y公司也进行过同样的准备，有类似的经验，所以这一挑战还是有成功的可能的 |

| | |
|---|---|
| RELEVANT | 我们能否将公司的新服务引入这个行业，就取决于能不能获得X客户的单子了，所以，对于我们公司来说，这是一次具有战略意义的营销活动 |
| TIME | 这次行动的相关会议将从下周四的下午3点开始进行，所以请在那之前完成准备工作 |

## 本节要点

○ 为了避免"理解的误差"，我们需要用认知四要素框架去确认对方的理解是否正确。

○ 将 SMART 原则作为与部下的共同语言，让自己和部下的预期达成一致。

○ 为了拥有一致的预期，要在最开始就确定好成功的评价标准是什么（定量的、定性的都可以）。

# 通过倾听，了解经历、情感、价值观，构筑信赖关系

要想充分发挥自己培养部下的能力，我们需要构筑与培养对象的互信关系。

许多领导都会花上很多时间，去加深与部下之间的互相理解，努力去倾听对方的意见与想法。想必也有人会为此专门设置定期的 1 对 1 谈话的时间。但是，我也经常听到有人抱怨，说自己无法加深与部下之间的互相理解，根本没时间花在这上面。那么，各位读者是不是也感觉到，要通过交流去加深彼此之间的互相理解很费时间呢？

在倾听对方说话时，认知四要素框架也能派上用场。

我们不应该只是问"你怎么想"，只是去询问对方的观点，而是要通过倾听，了解对方观点背后的经历、情感、价值观，进而快速理解对方的想法。

在倾听他人说话时，许多人会把注意力集中在"对方的观点"上。然后，为了理解对方的观点，会将之代入自己的经历与价值观，拼命往里面加入自己的解读，想要更好地理解对方。但如果是这种倾听方式的话，你就算坚持请他说一辈子，也是无法真正理解对方的。

那么，我们就结合具体例子，来看一看，如果代入自己的解读去倾听对方的观点，会出现什么样的后果吧。

## X 用自己的解读去倾听

**对方的观点：** 我觉得这个挑战没有意义。

**你的解读：** 他是不是想逃避挑战呢？人生中不存在没有意义的挑战。看来他只想做一些比较轻松的事呢。我自己脑中曾经也浮现过这样的想法。但是，如果能抑制住这种想法的话，就能进一步实现自我成长。

像这样子，只听了对方的一句观点，就开始加入自己的解读，这样的话，是无法理解对方真实想法的。如果能用认知四要素框架进行倾听的话，就能深入了解他这番话的背后是怎样的想法。

## ○ 用认知四要素框架去倾听

询问对方为什么（Why）这么想，了解其经历、情感、价值观。

### ■ 对方的认知四要素

• 观点

我觉得这个挑战没有意义。

• 经历

在团队中，××同事已经挑战过这项工作了，所以他非常利落地帮我做了这件事。到头来，事情都是他一个人做的，我完全没有体验到挑战的感觉。

• 情感

遗憾、不甘心。

• 价值观

想通过挑战获得成长。

在使用认知四要素框架询问之前，你的解读是"他是不是想要逃避挑战呢"，但实际上，我们知道了，他"想通过挑战获得成长"。

对他人说的话擅自加以自己的解读，是非常危险的。如果真的想了解对方，那就请用认知四要素框架去进行倾听吧。

## 进行共鸣式的倾听

进行共鸣式的倾听，并不是说要你去赞同对方的想法。

如果能够通过认知四要素框架去倾听对方说的话，就能够听出对方有过怎样的经历，并给这些经历赋予了怎样的意义。另外，我们还能知道，对方是"因为重视什么东西，所以才会这么想"。

将这一系列的信息收入耳中，然后再去理解对方的世界，这就是共鸣式的倾听。

对于同一段经历，不同的人也往往会对这段经历赋予不同的意义，在经历某一件事时，每个人的心情都是各种各样的。

在进行共鸣式的倾听时，不对对方的想法与心情进行价值判断，这一点是很重要的。即使是在倾听的时候，你也不需要对对方说的话表示赞同。不要加入任何自己的解读，只要准确地听出对方在想什么，现在是怎样的心情就可以了，仅此而已。

说到底，我们的目标是，正确理解对方的想法，包括想法背后的东西。在这一阶段，我们需要做的，就是正确地捕捉到这些要素，至于做出怎样的判断，那就是下一阶段的事了。

我们最应该努力避免的，是仅凭自己的解读，就认为自己已经充分理解了对方的想法，只依靠自己的解读去做判断。

在刚才的例子中，对于部下说的"我觉得这个挑战没有意义"这句话，如果你基于"他应该是想做轻松点的事吧"这一解读，跟他说"那你再努力一下看看嘛"，然后就此终结对话的话，会产生怎样的后果？

大家可以试着想象一下。

本应由这个部下去尝试的挑战性的工作，却被其他成员做了，这个部下实际上并没有获得挑战的机会，但这一事实，你永远都不会知道。

你没能理解部下的真实想法，所以，在只听到"我觉得这个挑战没有意义"这句话之后，对他的评价可能就会变差。

通过认知四要素框架去倾听他人的想法，在对方非常情绪化的时候也是很管用的。首先，借助认知四要素的力量，我们能够通过元认知，了解对方的负面情感对我们自己造成了怎样的影响，进而冷静地去倾听对方说的话。

如果你学会了用认知四要素框架倾听对方说的话，能够理解他的情感及其背后的价值观是什么，那就把这一事实告诉对方吧。如果对方知道你确实在认真倾听自己说话，心情一定会变好的。

从对方的话里，听出对方的观点、经历、情感和价值观，能够帮助对方进行元认知，帮助他了解自己为什么会变得情绪化，以及这种负面情绪与哪些未得到满足的价值观相联系。如果能够对自己进行元认知，就能够冷静地思考下一步的行动。

## 察觉到无意识偏见

"无意识偏见"这个词，常常和以性别为代表的、具有多元性的事物一起出现，但在"这个人一定是××"之类的强烈的主观推测中，其实也存在着无意识偏见。

我们通过各种各样的人际关系，逐渐积累经验，最终形成了对他人的某种看法。比如，某人曾经有过一段失败的培养部下的经历，那么他就无法理解培养人才的价值所在，甚至可能认为"所谓成长的潜力，都是虚无缥缈的东西，靠不住"。再或者，因为之前和某人相处不愉快，所以认为"说这种话的人，肯定不值得信任""做出这种行为的人，一定是个吊儿郎当的人"。

一旦我们脑中形成了某种根深蒂固的固有观念，我们就会一直戴着有色眼镜去看待这个世界。最终，这种固有观念就会转变为无意识偏见，成为你与他人构筑人际关系时的障碍。

当我们对某人抱有某种负面的情绪时，这种情绪中有着怎样的无意识偏见呢?

针对自己对对方的评价与印象，进行两次反思，可以帮助我们察觉到自己的无意识偏见。

第一次反思，我们需要反思的是，这个让我产生负面情绪的人，我对他有怎样的意见与看法。而第二次反思中，我们针对负面观点背后的价值观进行反思。通过这两次反思，我们就能对无意识偏见的形成过程有一个清晰的元认知。

## 帮助你察觉到无意识偏见的反思

### ■ 第一次反思

从你对他人的负面意见中选择一个，然后用认知四要素框架进行回顾。

• 观点

指望 ×× 这个人取得成功，是不现实的。

• 经历

失败的经历是非常难得的财富，但他似乎并没有从中吸取经验教训。

- **情感**

失望。

- **价值观**

成功者，是能够将失败转化为经验的。

■ **第二次反思**

将在第一次反思中搞清楚的价值观作为"观点"，再次进行反思。

- **观点**

无法将失败转化为经验的人，是无法取得成功的。

- **经历**

我曾经做过一个同事的职场导师（mentor）。这个同事因为同样的原因失败了好几次，完全没有从失败中吸取经验教训。我带了他3年，但我觉得再带下去也是浪费时间，所以就推掉了导师这个职位。

- **情感**

遗憾。

- **价值观**

学习能开拓更广阔的未来。

通过第一次反思，我们可以发现，在"指望这个人取得成功，是不现实的"这一意见背后，是"成功者，是能够将失败转化为经验的"这一价值观。

而在第二次反思中，我们可以了解到，这一价值观是通过怎样的经历形成的。通过这两次反思，我们可以看出，这一价值观的背后，是三年来一直对所指导的同事寄予厚望，最终却没能带领他走向成功，这样一段痛苦的经历。这一经历，其实是与主人公所重视的"学习能开拓更广阔的未来"这一价值观相悖的。因此，当他遇到无法从失败中学习的人，就会认为这是一件非常严重的大事，然后就会断定"这个人无法取得成功"。

我们在很多情况下，都会像这个例子这样，无意识地使用基于过往经历的判断标准。尤其是在处理与他人的关系时，这种判断标准就会转变为无意识偏见，甚至可能成为削弱你培养部下的能力的重要原因。

为了避免出现这种情况，如果你对自己想培养的对象产生了负面印象或负面看法，就要立刻针对这种情绪进行至少两次反思，从而对自己的无意识偏见有一个清晰的元认知。

## 提升心理安全性

要营造一个有利于积累经验、学习知识的工作环境，心理安全性是必不可少的。

就算失败了，也不必担心被别人说是傻瓜、废物，这样的环境，就是能够营造心理安全性的环境。

在具备心理安全性的环境中，人就会不惧失败，敢于挑战。朝着相对困难的目标，不断挑战的经历，对于个人成长来说是不可或缺的。如果想要鼓励部下积极挑战，促进自身成长，那就要努力营造一个具备心理安全性的环境。

如果能够在一个具备心理安全性的环境中进行反思，那么，团队中的所有成员就都能感受到"在实现目标的道路上遭遇失败，这既是成功的源头，也是成长的过程"。总而言之，重要的是，不管遇到成功还是失败，我们都要学会从中学习，并将学到的东西活用到未来的行动上。

为了实现心理安全，我们还需要关注职场上的人际关系。

《谦逊的咨询》的作者埃德加·H．沙因认为，人际关系也是分级的。

- **负 1 级 毫无人情味，支配与强迫的关系**
- **正 1 级 只是业务上的关系**
- **正 2 级 私人化的互信关系**
- **正 3 级 相比正 2 级，亲密度更高的关系**

在过去的组织形式中，正 1 级的"只是职务上的关系"，是职场中最为普遍、最符合常识的人际关系。但是，在当今时代的组织中，我们需要与他人建立正 2 级的"私人化的互信关系"。在职场中，人也应该活出人类该有的样子，应该发展和谐的人际关系，这样的话，职场的心理安全性就能得到强化，最终能够提升个人与整个团队的工作表现。

本书中介绍的活用"认知四要素框架"的交流方式，以及"从过往经历中学习的反思"（48 页），都具有提升心理安全性的效果。如果每个人都能敞开心扉，与他人共享自己的想法、心情、价值观的话，彼此之间的了解就会更加深入，在一起工作就会变得更加安心。另外，倾听其他同事是如何敞开心扉，回顾自己失败经历的，我们也能切身认识到这个职场能够给自己带来安全感。如果你能理解"从彼此的经历中学习"的价值所在，那么，对你来说，与他人分享自己对过往经历的反思，将不再是一种风险，而是一种与他人分享经验、知识的过程。

具备心理安全性的环境，能激励团队中的每个成员积极挑战，同时也能创建一个人人都能发挥自身多样性的职场。在第 4 章，我将从团队建设的角度，就心理安全这个话题进行更为详细的介绍。

## 本节要点

○ 为了避免产生误解，要用认知四要素框架去倾听对方的话。

○ 在面对情绪比较激动的人时，要更加小心仔细地从他的话中听出他的情感，并告诉他你正在与他产生共鸣。

○ 无意识偏见是开拓人际关系的重大阻碍，因此，我们应该进行两次反思，对自己的偏见进行元认知。

○ 与部下分享自己是如何通过反思，从过往经历中学习的，并且分享自己的认知四要素，创建一个具备高度心理安全性的工作环境。

# 找出对方的强项，并加以赞美

能够发挥自己的强项，做出一番成绩，我们就能感受到工作的价值以及为团队做出贡献的成就感。这一点，想必大家也都有同感吧。

但是，知道自己的强项是什么，实际上比我们想的要难。其原因在于，我们所擅长的事，同时也是我们做起来比较轻松的事，所以我们就会认为，会做这些事，都是理所当然的，也就无法意识到自己做的这些事其实很特别。

因此，通过获取他人对你的评价，或者与他人进行友好切磋，进而给自己创造了解自己的机会，这一点是非常重要的。使用优势识别器、MBTI 之类的测试工具，或许也会有效果。

接下来，我将向各位介绍，如何通过赞美的方式，高效地帮助部下们意识到自己的强项。

赞美的作用，并不只是让部下知道自己的强项，然后加以强化，也能帮助他更容易地意识到自己的弱项所在，进而促进他的成长。

## 赞美应该是负面反馈的 5 倍

不知大家是否知道，赞美与负面反馈之间，是存在一个黄金比率的。心理学博士马歇尔·洛萨达提出了知名的洛萨达法则。该法则指出，正面评价与负面评价的理想比率应该是3比1。

其原因在于，负面反馈给人内心留下的记忆的深刻程度，是正面反馈的3倍。

如果你对某人的正面反馈与负面反馈的比率是1比1的话，那个人心里就会觉得"他一直在给我提出负面反馈"，甚至可能对你的反馈形成抗拒心理。

因此，如果你希望你的负面反馈能充分发挥作用，那就要先夸对方3次。平常多多赞美，是提升人才培养的效率的关键，不知大家是否明白了呢？

几年前，"PCA（积极教练联盟）"的创始人吉姆·汤普森先生来日本时，我曾有幸听过他的演讲。PCA是原斯坦福大学MBA教授吉姆·汤普森先生于1989年创立的，是旨在培养体育教练的非营利性组织。

汤普森先生在演讲中提到，在PCA，"真诚、具体的正面评价与建设性的负面评价的比例是5比1"，这是效果最好的"梦幻比例"，这一点让我印象很深。

汤普森先生提出的兼顾"胜利"与"促进成长"的"双目标教练法"，截至目前已经被3500个团体（包括学校、体育俱乐部、体育机构等）所采用，参加相关项目的学生已超过1900万人。

而在全美获得广泛好评的"青少年体育教练法"，也鼓励教练们多多表扬学生，甚至要比洛萨达法则规定的3比1的比例还要高。希望各位读者也能学习PCA的"梦幻比例"，以5比1为理想目标，以3比1为最低目标，多夸一夸自己的部下们。

反馈的"梦幻比例"
负面1比正面5

图 3-4 PCA 提倡

夸人，也是有窍门的。在赞美某人的时候，如果能够使用认知四要素框架，就能更好地向他传达你的意图。

对于你来说，别人赞美你的什么东西的时候，你会最高兴？别人赞美你的车的时候？还是自己因为销售成绩而获得表彰的时候？或者说，是你诚实、体贴的个性被别人夸奖的时候？

普遍认为，对人格的赞美，是最能让人感到高兴的。在上面所举的例子中，"诚实""体贴"就属于这一类。"业绩"次之，最后才是"所有物"。

当然，这个也不是绝对的，终归是因人而异。但不管排序如何，重要的是，当我们在赞美对方的时候，要给对方传达清晰的证据，来证明自己说的并不是客套话。

不要说 "你的创造力可真强啊！"而是应该说"每当你参与头脑风暴的时候，总感觉大家的大脑就像是被激活了一样，提出的创意比平常都要多呢！"像这样，在夸别人的时候添加一些具体的事实，如此对方才能充分理解你的心意。

### 使用认知四要素框架进行赞美

- 观点

A 同事的创造力真强！

- 经历

只要 A 同事参加头脑风暴会，大家的灵感就会被 A 同事的创意所激发，然后都能提出不少点子。即使是一些看上去很奇怪的点子，也会受到大家的欢迎，整个氛围会变得非常好，大家一起想点子，真是太有意思了。前几天，我还参加了一次 A 同事不在的头脑风暴会，我自己也想努力像 A 同事那样，积极地给出创意，却不太顺利。

- 情感

（和 A 同事一起头脑风暴时）有趣，（A 同事不在时进行头脑风暴）遗憾。

- 价值观

能够不断催生创意的创造力（是团队所需要的能力）。

## 从小事中发现值得赞美的地方

有人咨询我说："您建议以 3 比 1 甚至是 5 比 1 的比例去表扬下属，那如果我的下属身上，实在是没什么可夸的，该怎么办呢？""那些我不得不给出非常多负面评价的人，想要在他身上找到值得赞美的点，实在是太难了！"有这样烦恼的人，应该非常多。

这种时候，我们就需要挑战从小事中找到值得赞美的点。

如果你脑中出现了"这人实在没什么可夸的"这样的想法，那就有必要转换一下自己的观念。认知四要素框架有助于你更快地将发现他人优点这一观念，植入自己心中。

比如，如果对方说话声音很响，你就可以夸他"声音很有精神，说话令人听得很清楚"，如果对方很在意自己的所有物，那么就可以夸一夸他的笔、笔记本，甚至是兴趣爱好。什么都可以，认真找一找与对方有关的值得赞美的事情。

### 找不到赞美的理由时的反思

#### ■ 步骤1：对现在的观念进行元认知

**• 观点**

没啥可夸的。

**• 经历**

B同事总是无法完成业绩目标，所以其他成员只能加倍努力，把他没完成的业绩给补上。

**• 情感**

遗憾、忧虑。

**• 价值观**

达成业绩目标，对结果负责，追求卓越。

在步骤1中，我们已经明确了找不到赞美的理由的原因是什么。而在步骤2中，我们需要将自己的注意力从无法达成业绩目标这一问题上移开，去看看这个同事在其他地方有没有值得赞美的点。这时候，控制自己的情感，保留价值判断，是很重要的。

■ **步骤 2：寻找赞美的理由**

• **观点**

找一下值得我夸他的地方吧。

• **经历**

就算没能达成业绩目标，他也一直都能保持开朗的心态，并且充满活力。他很有幽默感，他策划的活动的质量也是数一数二的棒。

• **情感**

平静。

• **价值观**

乐观的思考方式，开朗，活力，开心。

如果我们的大脑将某件事认定为是一个"问题"，那么我们就会更容易感知到和这一问题相关的信息，进而导致这个问题在我们脑中不断膨胀。

"这人没啥可夸的"，这件事也同样会作为一个问题，在你的脑中不断膨胀。如果你本身就对这个问题感到困扰，再加上情感推波助澜的作用，这个问题就容易发生进一步恶化。

但即便是这种时候，只要我们能对自己的想法和情感进行元认知，能保留自己的价值判断的话，也一定能发现对方值得赞美的地方。

走到这一步，人才培养已经像是一次修行。只要你能渡过这道难关，人才培养的效率就能得到极大提升。

要想找到对方值得赞美的地方，我们就应该把注意力集中到对方身上。为了把我们的负面评价更好地传达给对方，我们需要进行"赞美的储备"。首先，请从对那些符合你期待的下属开始做起，增加自己赞美他们的次数。掌握赞美他人的技巧，有助于提升人才培养的效率。

## 本节要点

○ 人是很难意识到自己擅长什么东西的，所以你需要把部下发挥自身强项，为团队做出贡献的样子告诉他们，帮助他们客观地认识自己的强项。

○ 活用认知四要素框架，让自己的赞美发挥应有的效果。

○ 要努力让正面评价与负面评价的比例保持在 3 比 1（熟练的人则应该达到 5 比 1）。

○ 就算是对于"感觉没啥可夸"的部下，也要控制自己的情感，保留价值判断，找到他们身上值得赞美的点。

# 支持部下的成长

在之前的内容中，我曾提到过，成人发展理论告诉我们，再优秀的人成长都是需要他人的支持的。

我想，应该有不少人认为，优秀的人是可以自己成长的，所以不需要别人的帮助。其实，优秀的人如果能够得到他人的支持，就有可能实现程度更高的成长。

"动态技能理论"，是由库特·费希尔提出的一项成人发展理论。该理论认为，我们成长的可能性，可以分为两种。

一种是"理想水平的成长"，另一种是"功能水平的成长"。理想水平的成长，是在有他人支持的前提下，人所能实现的成长；而功能水平的成长，则是在没有他人支持的情况下所能获得的成长。

那些被称为"自我驱动型人才"的优秀人士，有很多都说自己不记得曾被别人培养过。因此，他们大多认为"人是自我成长的物种，并不需要他人的培养"。

但是，从下图就可以看出，以上司为代表的其他人的支持，能够提升我们的成长幅度。

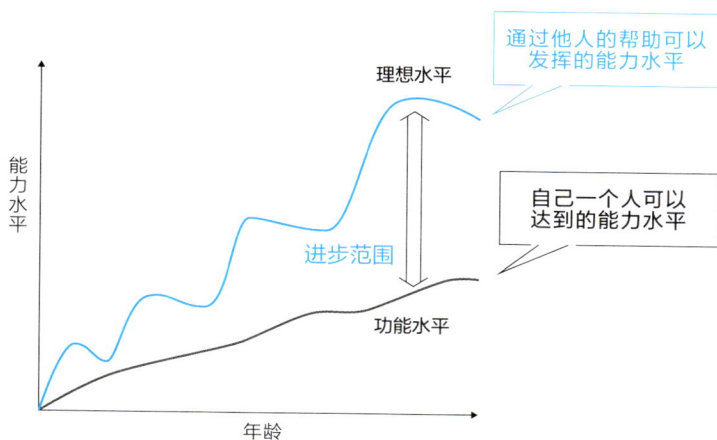

图 3-5 库特·费希尔的"动态技能理论"

在培养部下时，请按照接下来我所介绍的反馈方法，去支持他们的成长之旅吧。

## 反馈要直击重点

许多人可能认为，要培养部下，就要花很多时间，慢慢地和他们好好交流。但实际上，"花的时间越多，人才培养的效果就越好"，这一理论是不成立的。

美国 GAFA 四巨头（谷歌、亚马逊、脸书、苹果）会让全世界各分公司的员工参加一个领导力培训项目，这个项目也曾面向日本公司和其他组织开展过。

在这个项目中，有这么一句解说词："真正优秀的领袖，每年只会花 20 分钟时间对单个部下进行反馈。"

只花 20 分钟的诀窍在于，上司在进行反馈时能直击重点，接受反馈的部下的反思能力也很优秀。如何提升部下的反思能力，这一点我已经在第 1 章进行了介绍，因此，这里，我就以如何提升反馈的质量为中心进行解说。

为了提升反馈的质量，首先我们需要做的，是针对自己对部下的评价进行元认知。为了进行有效的反馈，我们需要把自己所感知（目击、经历）到的事实，以及对部下的评价加以区分，进行客观的认识。

### Ⅹ 将你的解读反馈给部下

#### ■ 自己所感知（目击、经历）到的事实

连续 3 次没有按时提交材料。

每次我提醒他，他都会说"非常抱歉"，但下次又不按时交。

这种情况一直在反复上演。

#### ■ 对部下的评价

干活的速度慢。

对于你所感知到的事实，你的解读是"他干活的速度慢"。

但其实，你所感知到的事实，除了"他干活的速度慢"之外，还可以有许多种其他的解读方式。比如，没有责任心、轻视上级的命令、不会做事、靠不住，等等。

遇到这种情况，许多人都会直接告诉部下："你做事的速度太慢了，我希望你把速度提上去"，原封不动地把自己的解读反馈给他。但遗憾的是，将自己的解读反馈给下属，这种反馈方式其实是没有任

何效果的。其原因在于，你所传达的内容仅仅只是你对于事实的解读，而对方对于这一事实的解读并不一定和你相同。

如果你和对方对于这项任务的预期本身就不同的话，那么就算你把自己的解读反馈给他，他也几乎不可能理解你的意图。这最终只会让你花在反馈上的时间变成徒劳。

那么，怎样的反馈才能促进部下成长呢？我们还是借用刚才的例子，来一起思考一下吧。

## ○将事实反馈给部下

### ■ 步骤 1 对自身情感的反思

为了能够冷静地思考如何进行反馈，我们首先要对自己的情感进行反思。如果我们把情感带到反馈中，反馈的效果就会大打折扣，因此，我们要先努力让自己冷静下来。

- 观点

我希望他以后不要再不按时提交材料。

- 经历

连续 3 次，他都没有按时提交材料。直到我去问他："那个资料怎么样了？"他才把材料发给我。每次我提醒他，他都会说"非常抱歉"，但下次又不按时交。这种情况一直在反复上演。

- 情感

焦躁。

- 价值观

严守提交期限、约定、信任、责任、成年人的基本修养、认真。

通过反思，我们就可以知道自己为什么会感到焦躁。因为部下的这一行为，违反了你所有的价值观（严守交期、约定、信任、责任、成年人的基本修养、认真），所以你感到焦躁也是情理之中的事。

### ■ 步骤 2 反馈的准备

用"对方"实际的行为、造成的后果、理想的行为"的框架传达自己的反馈。

#### • 实际的行为

用具体的事实阐述对方的行为。

"前几天我让你做的那份材料，我跟你说好的 2 月 3 号交，但是你到 2 月 5 号才给我。"

#### • 造成的后果

向他说明其行为造成的后果。

"因为你晚了 2 天提交，导致需要根据那份资料制作策划书的同事，无法按照预定时间开始工作，在拿到资料之后，他不得不加班加点赶工。因为你没有遵守交期，导致其他同事的工作计划与实际情况之间产生了偏差，不得不加班。"

一般来说，我们在进行反馈时，都很容易忘记传达行为的后果。但实际上，告知对方其行为的后果，能够证明其行为的错误性，所以非常重要。

#### • 理想的行为

告诉他正确的行为应该是怎样的。

"要严守交期。如果实在来不及了，也应该提前与需求方商量，看能不能延后交期，或者找别人帮你做。总之，关键是要想办法赶上交期。"

理想状态下，我们应该在对方对事情的记忆逐渐模糊之前进行反馈。刚才所举的例子，其实是一连串的事件，所以，我们需要一件件地去进行回顾。

• 实际的行为
　· 他没有按时提交材料。
　· 而且之后也没有改正，连续三次都没有按时提交。
　· 虽然他向我道歉了，但道完歉，下一次又没有按时给我。

• 造成的后果
　· 他没有按时提交材料。
　→由我向客户道了歉。
　· 而且之后也没有改正，连续三次都没有按时提交。
　→我预料到他又会迟交，所以我跟他说的交期比实际的要早几天，所以没出什么问题。这时候，我已经不对这个部下抱有任何期望了。
　· 虽然他向我道歉了，但道完歉，下一次又没有按时给我。
　→我生气了。

通过这样的回顾，这位上司就能意识到："他第一次没有按时提交，我出面帮他解决了这种行为造成的后果，所以之后的情况才会变得更加糟糕。"

照理来说，他应该在部下第一次迟交材料之后，马上找他进行反馈。千万不要有"如果只是这一次的话，那就再观望一下吧"，或者"还是尽量避免提出负面反馈比较好"这样的想法。发现了问题，就要趁对方还没忘的时候，好好把你的反馈传达给他。

我们再回到刚才的例子。如果我们让时光倒流，回到部下第一次迟交材料的时候，这位上司应该怎样进行反馈呢？

### 发现问题后，立即反馈

- **实际的行为（事实）**

"你把材料提交给我的时候，已经超过约定的交期两天了。"

- **结果**

"我向客户道歉了。因为我和他私交不错，所以他也就原谅我了。"

- **理想的行为**

"严守交期，这一点是非常重要的。希望你下次能按时提交材料。如果因为什么事，可能导致提交延迟，那就应该提早知会我一声。"

在你反馈完之后，接下来就要轮到部下去进行反思了。没能按时提交，可能的原因有很多。

例如，他把交期给搞错了，或者他认为客户其实并不着急要，或者他手头还有其他优先级更高的工作，又或者他可能在制作材料的时候遇到了困难。

原因到底是什么，只有问了对方我们才会知道。原因有时候会很简单，但有的时候也可能很复杂，比如说，因为"不知道怎么做"，制作过程中有好多衍生问题需要解决，导致没能按时提交。总之，请认真倾听部下的反思，搞清楚具体情况究竟是怎样的。如果对方需要回顾这段经历，我们就应该通过对话，去帮助他展开反思。

## 掌握正式的反馈方法

刚才，我给大家介绍了简化版的反馈步骤，接下来则是完整的反馈方法。

虽然我们并不需要每次都进行正式的反馈，但如果将这一流程记在脑子里，就能够进行有效的反馈。

### 1 告知部下本次对话的主题

明确地告诉他，接下来我们要讨论"什么时候"发生的"什么事"。这一步的重点在于，要以两人所共同经历的事情作为反思的主题。

### 2 部下分享自我认知（做得好的地方与有待改进的地方）

询问部下，反思之后他是如何看待这件事的，进而决定要反馈什么内容。

### 3 用自己的语言对部下的自我认知进行概括，并分享给部下

告诉对方自己是如何理解他的自我认知的，进而让双方的认知达成一致。这时，使用认知四要素框架，把自己从他的话中了解到的东西进行整理，然后再传达给对方，有助于对方确认你的理解是否正确。

### 4 反馈做得好的地方

为了让对方更容易接纳你的负面反馈，首先我们应该向他传达一些积极的信息。事先使用认知四要素框架，对自己要表扬的事情进行元认知，有助于我们更有效地将正面反馈传达给对方。

### 5 反馈有待改进的地方

接着，我们就要向对方传达需要改进的地方，这也是这次对话的

目的所在。这时候，请将想要传达的东西拆分为"实际的行为""造成的后果""理想的行为"三部分，以保证反馈的效果。

### 6 针对反馈进行反思，通过对话实现相互理解

要求对方就自己给出的反馈进行反思，并通过对话，与部下就以下三点达成共识，共同摸索解决问题的方法。

- 实际的行为与理想的行为之间的差距
- 实际的行为与其后果之间的因果关系
- 没有进行理想的行为的原因（双方对工作预期的差异，知识与经验的不足等等）

要和部下形成一致的理解，不仅要倾听部下的意见，更关键的是要听出其意见背后的经历与价值观。尤其是"没有进行理想的行为的原因"，这只有当事人自己才知道，所以，我们应该努力鼓励他认真进行反思。部下本人的固有观念导致其没能进行正确的行为，这种情况其实出乎意料地多。要鼓励部下进行"探寻无法改变自身行动的原因的反思"，进而搞清楚部下的行为前提是一种怎样的假设。

### 7 整理双方的共识

整理在对话中双方达成一致的东西。

### 8 制定行动计划

制定今后的改善计划。

### 9 确认双方对于改善预期的理解

就改善目标、行动计划的内容达成一致。

### 10 确定进度跟踪计划

为了确保对话中制定的改善计划得到贯彻落实，要定下几个时间点，对改善情况进行检查。

图 3-6 正式反馈的流程

POINT
要点

并不是将反馈传达给对方就大功告成了，
而是要通过对话与反思，使双方的认知达成一致。

### 11 表达感谢，结束对话

感谢对方以真诚的态度参与对话，或者对他愿意改正的积极态度给予好评，向他致以感谢与鼓励。"需要帮助的话，随时跟我说就行，不用非得等到检查改善进度的那几天"，展现出一种愿意随时提供支持的姿态。

虽然表面上看上去可能是一样的问题，其背后的原因却可能因人、因情况而异。

当我们发现了部下身上存在的问题（期待与现实之间的差距），我们很容易就会认为，这都是他能力不足造成的，但其实很多时候，往往是一些根深蒂固的固有观念，或者对于某些因素的过分纠结，导致他没能意识到一些关键的东西，所以才会引发问题。因此，我们需要通过反思与对话，和部下一起找出解决问题的方法。

## 本节要点

○ 在传达反馈前，要通过认知四要素框架对事实（目击到的事、经历过的事）进行元认知。

○ 要将反馈拆分为"对方的行为""行为的后果""理想的行为"三部分进行传达。

○ 在传达完反馈之后，要通过对话，帮助部下进行反思。

○ 牢记正式的反馈流程，在进行非正式的反馈时也可加以活用。

# 持续提升自己培养部下的能力

为了成为一名优秀的领袖，请不要忘了针对自己对部下的指导进行反思。

反思可以分为 4 层。第 1 层是对发生的事以及结果的反思，第 2 层是对他人与环境的反思，第 3 层是对自身行动的反思，第 4 层则是对自身内在的反思。

如果希望自身发生巨大的变化，那么回顾自身内在的第 4 层的反思是很重要的，这一点我已经在之前的内容中进行过说明。这一点，在指导他人时也同样适用。然而，在指导他人的过程中，我们很容易全程只进行第 1 层和第 2 层的反思。

在指导的过程中，我们所关注的，往往是部下身上存在哪些问题，以及通过这次指导，部下实现了怎样的成长，但却总是忘记针对我们自己的行动与内在进行反思。

为了高质量指导部下，观察部下、把握他的现状与变化，的确是非常重要的。但是，如果你感受不到对方的变化与成长，那就有必要进行第 3 层与第 4 层的反思，对自己的行动与内在进行回顾，这样，才能给予部下更好的指导。

## X 第 1 层与第 2 层 对结果与发生的事、他人与环境的反思

**• 观点**

部下的工作效率一直提不上去。

**• 经历**

虽然他很有人格魅力，但是做事情却很慢。尤其是最近，整个团队都忙起来了，每个成员都在努力提升自己的工作效率，只有他的工作节奏还是跟以前一样。虽然我已经要求他调整了，但还是没有看到什么实际变化。

**• 情感**

苦恼。

**• 价值观**

进步、工作效率、合作。

## X 第 3 层 对自身行动的反思

**• 观点**

我跟部下说，希望他能提升一下自己的工作效率。

**• 经历**

我向他解释，工作量变多了，所以大家都在努力提升自己的工作效率，所以我希望他做事也能更得要领一些。他很有精神地回答"明白了"，所以我就以为他已经懂我的意思了。但是，那之后，他的工作方式还是没有什么太大变化，工作完成的速度也依然没有提高。

**• 情感**

苦恼。

**• 价值观**

进步、工作效率、合作。

• 观点

除了这位部下之外，其他同事现在完成的工作量都比以前要多。我之前也没有告诉过其他这些同事什么提升工作效率的窍门，也没找他们谈过话。所以我觉得，只要告诉这位部下我希望他提升自己的工作效率，他也一定可以像其他同事一样做到的。

• 经历

对于其他同事，虽然工作量变多了，但也还是能够通过团队合作，保质保量地完成客户的需求。虽然我有对他们的努力表示过感谢和慰问，但这些同事并不需要我特地去跟他们说"请提高你的工作效率"，大家都会独立自主地去思考、行动。

• 情感

（对大家能够独立自主地工作）感激，（对他的工作方式没有发生改变）遗憾。

• 价值观

自主性，应对各种状况的能力。

通过对自身的反思，我明白，"如果他能意识到现在团队所面临的情况，应该也会和其他人一样，马上做出反应吧"这种假设，是我思考的前提。但是，实际上他并没有做出很好的应对，也就意味着这一假设并不成立。

像这样，就算对部下进行了指导，但还是没有实现理想的效果，应对这种情况时的关键就在于，不要只关注对方身上的问题，而要针对自己所选择的指导方法，以及这种选择背后自己的内在因素进行反思。

选择某种指导方法的背后，是"这么说应该没问题吧"这一假设。

理解这一点，对于改进我们的指导方法非常重要。

在刚才的例子中，这位领导的假设是"只要告诉他我的期望，他应该能做到的"。而这种假设的前提是"对于其他同事，就算不跟他们说，他们也能自己做到"这样一种成功经历。但是，实际情况是，虽然已经明确将自己的期望告诉他了，却没有起到预期的效果，因此，这一前提并不适用于这个部下。

通过对行动的回顾，如果你已经意识到了"或许，是因为我传达的方式不够明确、直接"，那么下次，你就不会只是单向地传达反馈，而是也能给对方机会，让他说出自己对于这一反馈的理解。像这样，对自己的行动与内在进行反思，进而思考下一步的行动，能够让人才培养变得更加高效。

人才培养的困难之处就在于人的多样性。同样的鼓励，并不一定能够激发所有成员的斗志。此外，听同样一句话，有些人能够理解背后的意图，有些人则不能。

在培养人才的时候，我们也要学会在交流的过程中活用认知四要素框架，保证双方理解的一致性。人才培养过程中最遗憾的事情，就是你自以为已经把想说的都传达给部下了，但实际上部下并没有理解，从而导致这一指导没有产生效果。因此，请各位针对自己的指导方式，进行第 3 层和第 4 层的反思，持续提升指导的效果。

## 不要被失败经历所支配

在指导过程中，还有一种反思也很重要。那就是抛却失败经历的反思。

在指导下属时，我曾经遇到过那种不管跟他说了几次，就是不改的人。想必大家也有同样的经历吧。

## 对失败经历的反思

• 观点

某某同事总是不遵守时间。

• 经历

我都提醒他好几次了，但每次他都是会议开始之后才落座。

• 情感

焦躁。

• 价值观

守时，自我成长。

指导这样的人，我们心中的不满会逐渐积累。对于这种说多少次都还是会迟到的人，虽然你嘴上还是会继续提醒他"下次不要迟到"，但心里可能已经有了"反正下次还是会迟到吧"这样的想法，其实你已经慢慢开始放弃了。到最后，终于觉得再怎么说都是白费功夫，索性连"下次不要迟到"都不说。你有没有类似的经历呢?

但是，从某某同事的角度来看，他会认为，因为你不再跟他说"下次不要迟到"了，所以你已经默许他"稍微迟到一会儿也没关系"了。

你的忍耐与放弃，在对方看来，就是给予了他某种许可——这一点请牢记在心。要求对方进行改善，但要求到一半就中途放弃了，那么，在部下看来，你这就是在告诉他"不改也没事"。如果你心中产生了"放弃"的念头，就请进行第 3 层、第 4 层的反思，然后以崭新的心态去面对某某同事。如果你被过去的失败经历所束缚，抱着"反正说了他也不会改"的念头，去要求对方做出改变，那么你永远都不可能成功的。

一个人会不会发生做出改变，都是由他自己决定的，因此，就算他到昨天为止一直都在迟到，你也不能断定"他明天开会也一定会迟到"。话虽如此，从我的经验来看，指望他自己会改，可能性不大。

但是，如果你心里有"放弃"的念头，那么，就算你去推动对方做出改变，也不会有太好的效果。"这个人，一直都是如何如何的"，如果你的脑中出现了这样的想法，那就需要引起重视了。我们应该先从过去的经历中走出来，保留自己的价值判断，然后再去指导他人。

对有些人来说，可能永远无法从"没能让他人获得成长"的失败经历中走出来，进而导致他们对帮助所有人成长都持悲观态度，甚至还有人会因此认为，人才培养是一件毫无意义的事。

如果你感觉自己快要被失败经历带来的固有观念所支配了，那请务必去听一听周围的成功者的故事。帮助他人实现成长、取得成功，是让他人收获幸福的行为。另外，如果能够成功培养组织中的某个成员，还能提升组织的整体竞争力，从而最终提升客户的满意度。

当你所指导的部下获得迅速成长时，你就会觉得人才培养非常有趣。所以，请对自己所做的指导进行反思，成为一名深谙人才培养之道的优秀领袖吧。

## 本节要点

○ 虽然对部下进行了指导，却没有取得成效，这种时候，我们不应该只关注对方身上的问题，同时还要反思自己的指导方法，以及这种方法背后自己的内在因素。

○ "这个人，一直都是如何如何的"，如果脑中有了这样的念头，那就要引起重视了。学会从过去的经验中走出来，保留自己的判断，然后再去指导别人。

# 第 4 章 团队篇

## 同心协力

# 使命、愿景、价值观

在第3章,我向大家介绍了如何将反思活用于培养部下中。而在第4章,我将进一步扩展对象,为大家说明将反思应用到"团队建设"中的方法。

一个强大的团队,能够充分发挥每个成员的自主性,让他们朝着同一个方向前进。为此,团队必须拥有自己的使命、愿景和价值观,作为自己运转的基础。接下来,我们就围绕这三个要素进行说明。

- 使命(Purpose):组织存在的理由。
- 愿景(Vision):组织追求的理想图景、目标。
- 价值观(Value):为了达成使命、实现愿景所需要坚持的价值观。

虽然使命、愿景、价值观这三者都是眼睛看不到的、抽象的东西,但在团队建设过程中,这三者却发挥着非常重要的作用。

将这三者用文字清晰地表达出来,并与团队成员分享,能够让所有成员理解自己正在何处,往哪儿去,自己在行动时遵循怎样的原则,进而养成独立思考、行动的习惯。而要将团队的使命、愿景和价值观转化为自己的东西,就需要我们借助反思的力量。

为了在团队内进行使命、愿景、价值观的宣贯,我将从使命开始,介绍活用反思的方法。

# 使命

我为何存在？对于我们来说，这一问题的答案正在变得越来越重要。

过去，企业存在的理由，往往是达成销售额、利润、ROE 等数值目标。但除了提高自身经营收益之外，社会还期待企业能够助力经济的可持续发展。

例如，从环境（Environment）、社会（Social）、治理方式（Governance）等 3 个角度对上市企业进行投资评价的 ESG 投资策略，联合国所提出的可持续发展目标 SDGs 等，都受到了广泛的关注。

这一变化，不仅仅影响了企业，同时也改变了企业员工们的意识。在我们心中，除了通过工作实现自身的经济富足之外，"想要从事对社会有贡献的工作"的想法也已经开始生根发芽。

虽然并不是所有企业都在为 ESG 或者 SDGs 而努力，但如果回顾过去 10 年、20 年的历史，就会发现，我们的观念正在发生着巨大的转变。

当今社会，人们对企业存在理由的认知，正在经历着翻天覆地的变化。在这样的大环境下，重新审视组织的使命，具有非常重要的意义。

我们可以通过回答很多问题，来帮助自己探究团队的使命何在。我们为了什么而存在？我们正在给客户提供怎样的价值？我们又给社会提供了怎样的价值？我们正在帮助人类创造怎样的未来？以上的答案，在创建人类幸福生活的过程中发挥着怎样的作用？

在这些问题中，我最喜欢的是下面这一个。

**如果你的组织从地球上消失了，这个世界会失去什么？**

我个人认为，这是探究自身使命时所需要回答的终极问题。

我们探求使命的最终目的，并不只是为了给组织的使命下一个清晰的定义。只有当组织的使命存在于每个成员心中的时候，使命才算是真正发挥了作用。

就算追求的使命相同，但想要达成这一使命的理由，却是因人而异的。

如果能够将自己所珍惜的东西和团队的使命绑定起来，那就能轻松地将团队的使命转化成自己的东西。而我在第 1 章中介绍的"认识你自己的反思"，就能帮助各位读者，让你团队所有成员将团队的使命看作是自己的使命。

每当我这么说，总有人会问我："只要管理层将公司的使命看作自己的使命不就行了吗？没必要让所有员工都这么干吧？"但是，这样的想法真的对吗？如果组织的使命，没有与所有员工的行为绑定在一起，那么它就不能算是真正的"使命"。

如果一个组织的所有员工都将组织的使命看作自己的使命，那么组织的使命将会成为员工一切行动的指南针。能将组织的使命看作自己使命的人，在反思自身的行动时，都会确认其行动是否背离组织的使命。如果能够达到这种状态，使命就不再只是一纸空文，而是真的存在于组织中。

### 将组织的使命内化的反思

#### • 观点

组织的使命，对你来说有着怎样的意义？

为什么组织的使命对你来说很重要？

组织的使命与你的动机之源有着怎样的联系？

• 经历

这一意见背后，是一段怎样的经历？

• 情感

这段经历，连接着一种怎样的情感？

• 价值观

由此可见，你所看重的东西是什么？

以上内容，都是建立在你的组织已经有了明确的使命的前提之上的。那么接下来，我将向那些正准备确定自己组织使命的读者，介绍下一种反思方法。

### 缔造组织使命的反思

• 意见

如果你的组织从地球上消失了，这个世界会失去什么？

• 经历

这一意见背后，是一段怎样的经历？

• 情感

这段经历，连接着一种怎样的情感？

• 价值观

由此可见，你所看重的东西是什么？

最强大的组织使命诞生于组织成员的对话与反思中。因此，我们要活用认知四要素框架，让所有成员都参与到反思中来。

在成员的"经历"中，蕴藏着各种各样的"原体验[5]"，这些"原体验"就是我们找出组织使命的线索。通过对话，从成员们的"原体验"中找出组织使命的"核心内容"吧。

通过了解他人的经历，我们就能从多样的立场与角度去看待组织的活动。如果每个成员都能和其他人分享自己反思的结果，我们就能发现，虽然大家各自的经历不同，但这些经历中存在着相通的东西。

鼓励成员们使用认知四要素框架和大家分享自己的观点，这样，所有的成员就能知道，其他同事通过各种经历感受到了怎样的组织魅力以及工作价值。其实，在这个反思过程中，成员们就已经开始将组织的使命转变为自己的使命了。

决定完组织的使命是什么，我们就可以再回到"将组织的使命转化为自己的东西的反思"，和成员们一起，借助认知四要素框架进行反思，看看这一使命为什么对于自己来说很重要。

## 愿景

愿景是你理想中未来的样子。为了实现同一个目标，每个成员都能承担自己的使命，这样的组织，是无比强大的。一个好的愿景，能够将大家的心绑在一起。另外，好的愿景，往往是清晰明确的。因此，当愿景得以实现时，大家也能清楚地认识到这一点，并且为此感到高兴。所以说，对于一个理想的团队来说，愿景是必不可少的。

帕特里克·兰西奥尼为硅谷各大公司管理层提供咨询服务，他在

---

5 译者注：原体验，指对我们目前的想法产生深远影响的过往经历。比如，因为学生时代曾经被霸凌，所以，为了让霸凌的行为越来越少，我立志要当一个老师。那么，"学生时代被霸凌的经历"就是"想要当老师"这个想法的原体验。

《团队的五种机能障碍》中提到，优秀的团队必须具备五种机能。

我曾在一次访美之旅中，有幸听过他的演讲。在那次演讲中，他说，"成员们明明都很优秀，但整个团队却无法发挥这些机能。在这样的管理团队身上，我们能找到一些共同的特征"，这句话让我印象深刻。在本书中，我所介绍的理想的团队的样子，也借鉴了这一理论。

## 发挥团队机能的几大条件（借鉴了兰西奥尼的理论）

### ■ 确立信赖关系

团队成员之间能够互相信赖。

### ■ 自然的对立

成员之间可以毫无顾忌地提出不同意见。

### ■ 承诺的姿态

针对团队的决策、行动计划，每个成员都能就自己所承担的职责做出承诺。

### ■ 对于计划落地的责任心

每个人都对计划的实施有责任心。

### ■ 目标的达成

成员们都能关注团队的整体目标是否达成。

其中，要实现"目标的达成"这一条件，愿景的存在是必须的。

兰西奥尼认为，成功团队的成员不仅能够保证自己充分履行职责，对于团队整体的工作成果，也会抱有责任感，并愿意为此采取相关行动。

为此，我们需要让所有成员一直都能意识到现状与团队的愿景、理想之间的差距。

在朝着宏伟的愿景努力时，我们必然会遇到一些看似难以逾越的障碍。这时，就会开始有人说"愿景太不现实了"。

愿景本身并没有发生任何改变，却有人开始说"愿景太不现实了"，这就说明这些人看不到通往愿景的道路。我们一定要对这种声音予以足够的重视。因为这很有可能意味着，团队中的有些成员在追逐愿景的过程中遇到了困难。

当你听到有人说"愿景太不现实了"的时候，就是带领成员们进行反思的时候。

通过反思，客观审视现在正在发生的事，就能搞清楚成员们认为哪些事是问题。另外，通过反思，我们也能够把握成员的内心状态。在与团队成员互相分享反思的内容之后，请和他们一起冷静地讨论应该如何解决当前的问题。

当成员们感觉靠自己的力量无法克服困难的时候，他们就容易选择更轻松的办法，也就是选择放弃愿景，撒手不干了。因此，为了让成员们不要放弃实现愿景的努力，我们要加强对成员的培养，给予他们更多支持。

与"行动目标"不同，"愿景"更多是指大方向上的指引，因此往往会比较模糊。所以，通过和成员的对话，反复推敲自己应该如何向他们解释愿景，这一点也是非常重要的。具体方法我将在下一节愿景宣贯中进行说明。

## 价值观（组织文化）

价值观，是组织的所有成员在达成使命、实现愿景的过程中需要重视的东西。价值观反映在人的一切言行举止上，因此，它是组织文化的基石。

随着时代的变化，GE 不断在更新着自己的价值观。GE 采用"精益创业"的管理模式，将"学以恒，善应变（Learnand Adapt to Win）"新加入自己的价值观中。

在 GE，当企业的价值观升级后，各级领导也需要相应地去升级自己的行为模式，这是多年来都不曾改变的铁则。公司希望领导们能够成为示范公司价值观的模范。另外，因为领导会基于公司的价值观去培养部下，所以，这种新的行为模式就会得到迅速传播，进而构建起一种新的组织文化。

反思在构建基于组织价值观的组织文化时，也能发挥重要的作用。如果所有人都能够回顾自己的行动，对自己的行动与组织价值观之间的差距有一个清晰的元认知，大家就能一起创建、孕育理想的组织文化。

组织文化是我们肉眼看不到的东西，所以，或许会有人认为，我们很难对它有一个清晰的认识与理解，想要有意识地去构建组织文化是十分困难的。但实际上，这是一种很严重的误解。而且，有这些误解的人也必将把这个错误的观念带到构建组织文化的过程中。

组织文化，源自五种要素的一贯性。这五种要素分别是信念（价值观）、行动、态度、思考、情感。构建组织文化的过程就是让各个成员和整个组织实现五种要素一贯性的过程。而在这一过程中，反思也是不可或缺的。

## 以价值观（信念）为中心的五种要素的一贯性
○具备一贯性的例子

• 信念 想要建立一支具备心理安全性的队伍
• 行动 不管成功还是失败，都要和大家一起进行开放式的回顾

- 态度 尊重彼此的经验与成长

- 思考 想一想，应该怎样提问，才能让我们从反思中获取大量经验

- 情感 对互相学习感到高兴

△**没有一贯性的例子**

- 信念 想要建立一支心理安全性高的队伍

- 行动 失败时，不愿和大家一起去进行开放式的回顾 ◀与信念相违背的行动

- 态度 尊重彼此的经验与成长

- 思考 在回顾失败时，大家的思考都是停滞的 ◀与信念相违背的思考

- 情感 对互相学习感到高兴

正如上面所举的"没有一贯性的例子"那样，"虽然提出了队伍的理念，但实际的行动却是与之背道而驰的"，此类情况并不少见。因此，我们要活用反思与对话的力量，对自身与团队的信念、行动、态度、思考、情感的一贯性进行检查，进而建立一支理想的团队。

**检查一贯性的反思**

- 观点

我们是否践行了自己的信念？

- 经历

你的这种意见是基于一段怎样的经历？

- 情感

这段经历背后是一种怎样的情感？

- 价值观

观点背后是怎样的价值观？

通过反思，我们可以检验自己是否正践行着价值观，并且对那些阻碍我们践行价值观的"观念"进行元认知。

例如，明明说要建设一支具备心理安全性的队伍，却不愿意坦诚地回顾失败的经历，这种时候，如果进行反思的话，就能发现是什么阻碍了我们建设团队的心理安全性。如果能找出阻碍是什么，也就可以有的放矢，采取相应的对策了。

- 观点

我对开放式回顾失败经历这件事持悲观态度。

- 经历

在之前的团队里，每当我们对失败经历进行开放式回顾，中途就会演变成争论失败的责任在谁，导致犯错的人受到指责。

- 情感

消极。

- 价值观

想要一起开心地工作。

在这一事例中，我们可以了解到，这个人担心的是，如果对失败经历进行回顾，会有人被追责。所以，如果我们让他知道，在现在的职场，就算对失败进行回顾，也没有人会被追责，这样他就可以安心地进行开放式回顾了。

实现基于价值观的一贯性（一切行动与价值观对齐），在组织变革时能发挥巨大的作用。"我以把公司建成青色组织为目标，想要实现公司从管理型组织到自律型组织的转变，但却失败了"，我常常听到类似的故事。其失败的原因就在于缺乏一贯性。

为了建立青色组织，就需要先构建相应的文化。明确组织希望成员的信念、行动、态度、思考、情感发生怎样的变化，让每个成员都能形成五个要素的一贯性。如果能够实现这五种要素的一贯性，建立青色组织自然也不是问题。

## 本节要点

○ 活用认知四要素框架进行对话，对使命、愿景与价值观进行定义。

○ 为了让使命、愿景、价值观进入每个成员的心中，要活用反思的力量。

○ 信念（价值观）、行动、态度、思考、情感，这五个要素的一贯性，是构建组织文化所必需的。因此，团队中的每个人都要通过反思去检查自己的一贯性，这一点很重要。

# 愿景宣贯

所谓领导力是通过自己的言行举止，促使其他人也积极主动做事的影响力。通过给团队成员们讲述团队的愿景，领袖们能够点燃成员们心中的奋斗之火。因此，接下来，我将向读者介绍应该如何传达愿景，才能让愿景进入每个成员的心中。

我们在聊愿景时，不应该只是告诉对方"我想要实现什么"，还要告诉对方"我为什么会这样想"，促使我这样想的"经历"，以及当时的情感是怎样的。这样的话，对方就会开始反思"我的愿景又是什么？我为什么想要实现这样的愿景？这对我来说有着怎样的意义？"

点燃团队成员的斗志，不应该只由领导一个人努力，团队成员们也应该互相激励。只有这样的团队才能最大限度地发挥出自己的力量。有时候，领袖们可能会反过来被成员们的愿景所激励，获得能量继续努力。因此，愿景不应该是领导者个人的专利，我们要让团队中的每个人都自发自愿地去阐述愿景。

## 讲好故事

讲故事能够让对方脑中产生具体的印象，进而获得他人的共鸣。认知四要素框架的反思，也能够被直接应用在讲故事过程中。

211

接下来，我就向大家介绍，在向他人讲述愿景时，应如何活用反思的力量。

## 帮助你讲好故事的反思

• **观点**

想和大家一起实现的事情是什么？

• **经历**

是怎样的经历，让你想要实现这一目标？

• **情感**

在这段经历中，你体会到了怎样的情感？

• **价值观**

你的动机之源是什么？你所看重的东西是什么？

• **对成员的期待**

你对成员的期待是什么？

在"帮助你讲好故事的反思"中，其实包含了唤起感动与共鸣的愿景所需的所有要素。

有人在世界上 50 个国家中进行了调查，评选出了"最能让员工感受到工作价值的公司"。在这一奖项的评选中，株式会社 FULFILL 连续 7 年当选，那么，我们就将该公司社长、井上高志先生的故事，代入到这一框架中看看吧。

## FULFILL 井上先生的故事

• 观点

想和大家一起实现的事情是什么？

消除房地产界的信息不对称性，创造一个任何人都能拥有理想生活的社会。

• 经历

是怎样的经历，让你想要实现这一目标？

以前在房地产公司做销售的时候，我曾经遇到过一对年轻夫妇。这对夫妇非常中意一套房子，但是因为某些原因，在签合约之前，他们还是决定放弃购买。看到这对夫妇因为没能买到自己喜欢的房子而痛苦的样子，我当时就想"我要不惜一切代价，为他们找到和这套一样的心仪的房子"。

但遗憾的是，我们公司并没有类似的房源，所以我也去找了其他公司的房源。虽然上司不允许我给客户介绍其他公司的房子，但我真的不想辜负这对夫妇的期待，所以就不顾上司的反对，把其他公司的房子也一起推荐给了他们。

最后，我终于为客户找到了满意的房子。

• 情感

在这段经历中体会到了怎样的情感？

虽然因为那套房子是其他公司的，所以我被上司批评了，但当我听到客户对我说"非常感谢"的时候，我真的很高兴。同时，通过这段经历，我意识到，房地产可能是人一生中购买的最高价的商品，但在房地产的流通过程中，消费者与房地产行业从业人员之间的信息差太大了，这是一个非常严重的问题。

• 价值观

你的动机之源是什么？你所看重的东西是什么？

利他主义。

任何时候、任何情况下，都想着"要让大家都能幸福"。

让眼前的人感到高兴，我自己也会感到高兴。

• 对成员的期待

你对成员的期待是什么？

消费者对房地产行业感到不安与不便的原因，现在已经非常清楚了。我希望成员们和我一起，通过我们的服务，让客户感到幸福。

而接下来这位新上任的经理的例子，或许更贴近我们大多数人的经历。

### 新人经理的故事

• 观点

想和大家一起实现的事情是什么？

给企业提供支持人事部门工作的 HR 系统，为员工的生涯发展以及提升员工敬业度做出贡献。

• 经历

想实现这一目标的背后，是怎样的经历？

• 情感

在这段经历中体会到了怎样的情感？

我过去上班的公司的人才培养意识很差，导致我在同一个部门做了 3 年同样的工作，完全没有感受到自己的成长，于是我就提出了更换部门的请求，但也没有得到批准。所以，到了第 5 年，我就下定决心跳槽了。对于那家公司本身我其实挺喜欢的，如果当时它具备完善的支持个人生涯发展的体系的话，我现在应该还在那家公司上班。这世上应该有很多和我有一样遭遇的人吧。

- 价值观

你的动机之源是什么？你所看重的东西是什么？

成长的感觉，生涯发展过程中的自我意志，敬业度。

- 对成员的期待

你对成员的期待是什么？

在 HR 系统的帮助下，认真支持员工的生涯发展、提升员工敬业度的企业越来越多；每个人都感受到自身的成长，每个人都能够安心工作。为了建设这样的社会，我希望成员们和我一起努力。

用讲故事的方式讲愿景，不仅能在对方的心里点上一把火，还能让组织中的每一个人都将组织的使命与愿景看作是自己的事情。

## 用讲故事的方式讲愿景

请各位读者跟随接下来的问题，再次整理一下自己的思路，为讲愿景做最后的准备。在使用认知四要素框架，思考自己要讲一个怎样的故事之后，接下来就是为讲愿景做准备了。

讲愿景之前要解决的 4 个问题

■ 你想实现什么？

■ 为什么对你来说这件事很重要？

- 与这件事相关的过往经历是什么？当时你的情感如何？
- 你对成员们的期待是什么？

## 将组织愿景以个人愿景的形式进行传达

| | |
|---|---|
| **你想实现什么？** | 给企业提供支持企业人事部门工作的HR系统，为员工的生涯发展与提升员工敬业度做出贡献 |
| **对你来说，为什么这件事很重要？** | 因为我认为，人如果在工作时能够感受到自己的成长，就会感到很幸福。另外，在这个换工作已经变得理所当然的时代，我也感觉到，趁自己年轻的时候，能够自己决定自己的职业生涯的发展轨迹，这一点也很重要。如果能够实现这两个条件，那么员工的敬业度也会得到提升，工作的时候就会感到很快乐 |
| **与这件事相关的过往经历是什么？当时你的情感如何？** | 我过去上班的公司人才培养意识很差，虽然有组织过职业生涯面谈，但只是走个形式而已。我在同一个部门做了3年同样的工作，并没有成长的感觉，对未来也感到很不安，所以就提出了更换部门的请求，但也没有得到批准，所以，到了第5年，我就从那家公司辞职了。那家公司当年是我找工作时的首选，所以对于公司本身我其实挺喜欢的，因此，如果当时那家公司有完善的支持个人生涯发展的机制，我现在应该还会在那家公司上班。如果这个世上专注于人才生涯发展与敬业度提升的公司越来越多，那么我或许就不用换工作，能够一直在同一家公司，一边感受自己的成长以及工作的价值，一边安心地考虑自己的生涯发展了 |
| **你对成员们的期待是什么？**（将成员的动机之源与"你想实现什么"结合起来） | 在HR系统的帮助下，认真支持员工的生涯发展、提升员工敬业度的企业越来越多；每个人都感受到自身的成长，每个人都能够安心工作；为了建设这样的社会，我希望成员们和我一起努力 |

💡 **POINT** 要点

如果解说愿景的这个人，没有将"想要实现愿景的理由"与自身的动机之源联系在一起，没有将愿景以包含情感的"个人故事"为载体进行传达，那么，愿景就只不过是"公司的经营方针"而已。

# 反对意见中，蕴含着让团队变强的启示

不管你的愿景再高大上，可能都会有人反对。这时，重要的是，和对你的愿景持疑问态度的人进行对话。

在分享愿景的时候，最不该做的，就是还没倾听他人意见的背景，就开始尝试说服对方。这个时候要说服对方，其结果无非就是对方的心离愿景更远，或者对方看你的脸色被迫服从。被迫接纳愿景，并不能算是将愿景转化为自己的东西。

首先，我们要做的，是了解对方反对意见背后的经历、情感和价值观。这一点很重要。

请大家回忆一下我在之前内容里说过的一句话："反对你的人，并不是在反对你的愿景本身，他只是在维护自己所重视的价值观而已。"要引发对方对我们愿景的共鸣，首先我们需要了解对方觉得自己怎样的价值观"遭到了否定"。

## 对愿景的反对意见

我提出了"通过提倡多样化的工作方式，让组织中的每个成员都能找到属于自己的发光发热的方式"这一愿景，但是，却有一个经理对此提出了反对意见。针对他的反对意见，我试着用认知四要素框架询问了更多细节，最后得到了以下回答。

### • 观点

一个经理能够妥善管理的工作方式的数量是有限的，提倡多样化的工作方式，会不会导致经理无法充分完成本职工作呢？

### • 经历

就算是过去以统一的工作方式开展工作的时候，因为员工们的能力、工作效率、干劲儿都各不相同，所以，为了将大家拧成一股绳，充分发挥团队的力量，我也花费了很多精力。

- 情感

辛苦。

- 价值观

责任心、品质管理。

可见，这位经理的反对意见的背后，是他作为经理所拥有的强大的责任心。可以说，正是因为有这样的人存在，组织才能够正常运转。因为这位经理的顾虑是有可能发生的事，所以我们作为管理者，也的确需要从组织层面采取相应对策。通过这样的分析，我们可以发现，反对意见实际上帮我们指出了当前存在哪些重要问题，并且提醒我们去进行讨论研究。

在听取对方的反对意见后，我们需要向大家传达以下信息：

**基于反对意见，向成员们传达的信息**

- 观点

我想通过提倡多样化的工作方式，让组织中的每个成员都能找到属于自己的发光发热的方式。

要在组织中推广多样化的工作方式，其前提是每个员工都能对自己的工作进行高效管理。因此，我们需要研究一下，为了让员工拥有这样的能力，我们需要制定怎样的人才培养计划和指导方针。

如果所有成员都拥有较强的自我管理能力，那么，引入多样化的工作方式，就能够提升每个人的工作效率。另外，有了多样化的工作方式，个人情况各不相同的员工们，就能根据自己的生活方式合理分配工作与生活的时间，让工作与生活都变得更为充实，最终提升幸福感。如果一个家庭中，夫妻双方都需要工作，那么多样化的工作方式，就能让他们既保持较高的生产效率，也不牺牲个人生活。因此，为了推广多样化的工作方式，我希望我们今后加强对自律型人才的培养。

- 经历

需要上班的父母们，除了工作之外，还有接孩子上下学、准备晚饭等各种各样的事情要做。对于许多 30 多岁的、双方都在上班的夫妇来说，能够较长的集中精神工作的时间，其实只有孩子睡着后到孩子醒来前。因此，比起所有人都朝九晚五，能够灵活调整工作方式更符合他们的需求。

- 价值观

夫妻双方都需要上班，工作与生活得充实，自律。


为了让组织中的所有成员，都能将组织的愿景转化为自身愿景，不应该只是由领导们单方面向成员们传达愿景，而是应该通过对话，逐渐统一每一位成员的前进方向。

就算对于同样的愿景，每个人的解释也会有所不同。有时，当人们感觉到自己所重视的价值观受到威胁时，他们就会对愿景提出反对意见。

通过倾听反对意见的背景，能够让我们有针对性地制定说明愿景的方法。像刚才的例子那样，通过了解反对意见，我们有时就能够察觉到推进愿景所需要注意的东西。

如果遇到了反对意见，请回忆本书之前说的"对方并不是反对我的观点本身，他只是在维护自己所重视的价值观而已"。

保留自己的判断与评价、以平常心去倾听反对意见，这样的对话能力，能给我们的领导力带来极大的助益。

## 直面问题与构建愿景

为了让组织或团队的成员们心中拥有愿景，我们在传达愿景时，要让大家脑中对理想的图景有一个具体的印象，这一点我想不必我多说。但比起这一点，更重要的是直面问题的能力。

吉姆·柯林斯在其著作《从优秀到卓越》中，有这样的描述：

那些实现业绩飞跃与提升的公司，在摸索成功方法的过程中所做的第一件事，就是直面自己所处的现实中最为严峻的事实。

通过调查研究，把握自己的公司目前处在怎样的环境中，那么，我们自然就会意识到自己应该做怎样的决定了。如果不能始终保持直面严峻现实的姿态，企业管理层是无法做出正确决策的。

直面问题，并不是件简单的事，但如果整个队伍的成员们都能直面问题，就问题进行对话，我们就能清晰地把握问题的整体情况，进而拓宽解决问题的途径。这里，我就举一个比较贴近我们日常工作生活的例子。

### 直面问题的反思

**• 我们所直面的问题**

开始远程办公后，团队的工作效率不如预期。

### 我的观点

**• 观点**

远程办公的效率不如预期，其原因在于工作的下达方式存在问题。

**• 经历**

在以前的职场，我在拓展一项新业务时，曾经因为不知从何做起而颇感困扰。但是之后，随着上级下达的任务逐渐明确，团队的工作效率也得到了相应的提升。

- 情感

（不清楚任务）不安，（明确任务之后）安心。

- 价值观

任务的明确化。

### A 同事的意见

- 观点

远程办公的效率不如预期，其原因在于管理层没有好好向员工们宣贯公司使命、发展战略之类的思维性的东西，导致员工们在工作时没有一个根本的判断标准。

- 经历

当我们在工作中必须做出判断时，需要回到一切的原点去思考问题，而我一直都是根据公司的使命与发展战略去做决定的。

- 情感

（下决定前）忐忑，（做出判断后）安心。

- 价值观

最优解、判断标准。

### B 同事的意见

- 观点

远程办公的效率不如预期，其原因在于员工没有自主性。

- 经历

有自主性的人才，即使是远程办公，其生产效率也是不会降低的。他们能够给自己的工作内容下一个明确的定义，并认真投入到工作中去。

• 情感

（发现工作效率没有降低的人才）高兴。

• 价值观

自主性，自律。

通过倾听 A 同事和 B 同事的意见，我们就能意识到，我们需要解决的问题，除了"任务不够明确"之外，还有"公司的使命与发展战略没有与员工共享"，以及"员工不够自律"等。通过倾听更多人的意见，我们就能多方面地看待眼前的问题，也就可以窥见问题的本质。

虽然刚才举的例子就发生在我们的日常工作中，但这一反思其实也可以应用到像社会问题这样比较大的问题上。当今时代的各种问题，通常具有复杂性与多面性，因此，为了正确把握问题的整体面貌，我们需要花更多的时间在反思与对话上。

另外，通过反思与对话，直面问题，我们可以搞清楚"现状与理想之间的差距"，继而催生"创造性张力"。这时，我们就会被迫做出选择：是活用创造性张力，朝着理想前进，还是放弃理想，接受现实。经过这样的选择，最终形成的愿景，就是我们创造未来的原动力。

## 就算是再小的要求，我们也可以发挥"愿景陈述"的力量

最后，我将介绍具体应该如何在日常小事中应用"愿景陈述"的框架。

讲故事、讲愿景，能够在尊重对方自主性的前提下，将自己的期望与请求传达给对方，可以说是非常有效的沟通方式。

在向对方传达我们的期望时，加入一些"我的经验谈以及当时感受到的情感"，可以更好地收获对方的共鸣，即使交流本身比较简短，也能让我们高效地传达想传达的东西。另外，和指示、命令不同，不会打击对方的自主性，也是愿景陈述的魅力之一。

### 希望部下及时向我报告

**• 观点**

希望部下及时向我报告。

**• 经历 情感**

之前我的上司一直都很忙，所以我也尽量不去占用他的时间，如果工作顺利的话，就不向上司报告了。但是，在自己成为上司之后，我发现，如果部下不向我报告的话，我就会非常在意部下的工作进展。

**• 对成员的期待**

就算没有出岔子，也要向我进行简短的汇报，这样我才能安心。

像这样，从平时开始就养成讲愿景的习惯，我们的很多愿望就能实现。

## 本节要点

○ 通过活用认知四要素框架的反思，讲述自己的愿景。

○ 反对意见，其实对于统一团队的前进方向有很大的价值。请各位借助认知四要素框架，倾听对方的意见，并将其活用到愿景的改善中。

○ 直面问题的反思，是构建愿景的原动力。

# 让多样性产生价值

在带领团队挑战难题时，或者想要进行创新时，尽量网罗一些拥有不同个性和专业能力的多样性人才，让他们各自发挥自己的长处，能取得更好的成果。例如，将自己在业务上的烦恼和其他部门的同事或者是公司之外的人倾诉，结果却收获了意想不到的灵感，不知大家有没有过这样的经历呢？通过与拥有不同经历和价值观的人进行对话，我们可以获得全新的启示，进而帮助我们解决问题。

如果我们与对方之间的差异过大，或许我们就会觉得"聊不下去""无法理解"，感到不适与不快。但是，差异越是明显，说明我们与全新的想法相遇的可能性就越大，就越有可能找到解决问题的方法。为了让多样性产生其应有的价值，我们不应该排斥与我们不同的东西，而是应该提升自己包容各种多样性的能力。请大家通过熟练使用我们之前提到的反思与对话方法，跳入不同的世界里，实现自身的成长吧。

虽然当今社会正在变得越来越多元化，但是我想，应该仍然有很多人因为文化之类的原因，认为"一致要比差异更好"，打心底里无法对多样性表示赞赏。

但是，我们每个人现在想的东西（观点）、感受到的东西（情感）、过去所遇到过的事情（经历）、所看重的东西（价值观），都是不一样的。我们不应该将多样性简单地概括为国籍、性别等等，而是要聚焦于我们每个人之间的不同点上。

活用认知四要素框架进行对话，我们就能从心底里相信，每个人都是不一样的。

例如，在听了同一段演讲之后，我们与另一人进行对话，就会惊讶地发现自己和对方觉得印象深刻的地方完全不同。像下面这个例子一样，通过认知四要素框架，倾听差异背后的东西，我们就能知道，两个人都将各自的经历与价值观和演讲的某些内容联系在了一起。

### 听完初创企业的社长的演讲之后的感想

■ 以创业为目标的大学生

• 观点

"如果大学生们想要创业的话，我推荐大家去创业精神很强的企业实习。"这句话让我印象最为深刻。

• 经历

虽然我有创业的梦想，而且现在也正在摸索大学期间可以为了这个梦想做些什么，但现在还没有找到答案。

• 情感

（听演讲前）迷茫，（听演讲后）恍然大悟。

• 价值观

做现在能做的事，实现梦想。

■ 进入社会第 10 年、正在开拓新业务的员工

• 观点

"现在的成功背后，是无数次的失败。一开始的商业创意和现在

我们公司的业务可以说是毫不相干。Pivot Points（经营战略调整、方向转换），是企业取得成功的必经之路。"这句话让我印象最为深刻。

• 经历

开始开拓新业务之后，我感觉过去公司进行决策的流程，已经成了当前业务发展的阻碍，听了这次演讲之后，我再次确认了自己这种感觉是对的。

• 情感

（听演讲前）迷茫，（听演讲后）恍然大悟。

• 价值观

新业务的成功，解决问题。


跳入与自己不同的"异世界"，能够学到以下两种东西。

一是了解自己认为理所当然的"常识"。

我们认为很多事情都是理所当然的。如果一直待在相同的环境下，任何人都会以相同的"常识"作为做事的前提，甚至不会有人提出疑问。察觉到自己心中的"常识"，是非常难的一件事。但是，如果能够跳入"异世界"，遇到一些自己所谓的"常识"不适用的情况，并被别人质问："你为什么会这么想？"最终，我们就能学会从全新的视角去思考问题。

二是习得全新的观念。

进入一个自己的"常识"不再适用的世界中，我们就能与新世界产生共鸣，进而收获一些全新的观念。在"异世界"里哀叹"我的常识不管用了"，是一件毫无价值的事。而怀着好奇心，进入完全不同的世界，则可以锻炼我们多方位、多角度思考的能力。

为了发挥员工的多样性，引发团队内的化学反应，我们不只是要接纳多种多样的观念，更需要用新观念去创造全新的价值。为此，我们需要养成跳入"异世界"，从中不断学习的习惯。

## 多样性相关注意事项

为了不排斥不同的事物，对多样性展现出包容的态度，我们需要提前记住以下 4 件事。

### ■ 注意事项 1：我们自己也是多样性的一部分

有人认为，所谓尊重多样性，就是"我尊重与我不同的你"，但这实际上是将自身的多样性排除在外，并以自己的情况作为鉴别差异的"标准"。在对多样性兼容并包时，我们需要形成"我们自己也是多样性的一部分，对方同样也是多样性的一部分"这样的观念。

### ■ 注意事项 2：不要混淆事实与解释

为了理解与自己不同的世界与人，我们需要养成将事实与解释进行区分的习惯。其原因就像我之前多次提到过的那样，我们在对事实进行解释的时候，会代入自己的经历。我们应该活用认知四要素框架，倾听他人的话，不要加入自己的解释。

### ■ 注意事项 3：扁平、开放

职级、职位的差异，本质上只是"工作职责的差异"，认为不同的职级、职位之间有优劣之分，实属大忌。

各种各样的人聚在一起，其最大的价值，就是能够互相学习。但如果在环境中，"优"无法向"劣"学习，"劣"永远无法超越"优"

的话，那么就算大家聚在一起，也是很难孕育出价值的。

### ■ 注意事项 4：对话

在以多样性为前提运营一支队伍时，反思与对话会派上很大的用场。

我们要将注意力放在价值观的差异上，而不是意见的差异上，这样，我们才能从各种各样的意见中，发现我们自己一个人所无法发现的答案。

云集了各种各样人才的组织，如果能将这四条注意事项融入组织文化中，就能够充分发挥人才多样性这一强项。而要将它们融入组织文化，就需要养成前面所介绍的"五种要素一贯性"，这时候就需要用到反思的力量。

应对世界的多样性，我们感受到最大压力的时候，就是你站在自己的世界与另一个世界的边界线的时候。虽然知道不一样的世界就在自己身边，却犹豫到底要不要跳入这个世界，这时，"异世界"的存在就是你最大的压力来源。

但是，一旦你跳入这个"异世界"，就会持续接受新事物的冲击，学习新的东西，也就无暇顾及压力了。所以如果你好像从惊讶和违和中感知到了压力，那就立刻进行反思吧！告诉自己"这是认识我自己的机会"，并享受这一加深自我了解的机会。

这之后，如果还有点时间，就想想"对方的世界里是不是存在着什么我不知道的东西"，专注于从"异世界"中学习新东西，并积极进行对话。"跳入异世界，一定会有好事发生"，如果你能有这样积极的心态，那么，跳入异世界之前的恐惧心理就会逐渐消失。

## 本节要点

○ 通过认知四要素框架,搞清楚自己与他人的差异,并从差异中学习。

○ 跳入"异世界",察觉到自己认为理所当然的"常识",享受获取全新观念的过程。

○ 多样性没有优劣之分。我们要创造有利于互相学习的扁平、开放的环境。

# 锻炼创造未来的能力
# 问题解决能力

　　如果一个团队能创造一个与现在截然不同的未来，那么这个团队一定会聚在一起，进行反思。但在进行团队反思之前，个人的反思是不可或缺的。

　　能够创造未来的人，需要进行 6 种反思。如果团队中的所有成员都能进行 6 种反思，就能实现理想。那么，我们就再整理一下，从每种反思中我们能够获得什么。

### 创造未来的反思

#### 1 认识你自己的反思

　　帮助我们了解动机之源（自己所重视的价值观、察觉问题的探测器）是什么。

　　帮助我们了解自己所期望的未来（理想）图景背后的动机之源是什么。

#### 2 直面问题的反思

　　直面现实，找出问题是什么。通过自我反思，了解自己感知到了什么，进行了怎样的判断，以及自己的认知是基于怎样的经历与价值观，进而找出真正的问题是什么。

　　在理解复杂的问题时，我们不能仅停留在理解表面现象上，还应该理解事物背后的构造与系统。为此，我们要通过与他人的对话，从自己的小世界之外的大世界中学习。

### *3* 构建愿景的反思

将现状、理想，以及自己的动机之源连成一个三角形，就能孕育出创造性张力，进而提高我们的创造力与潜力。

### *4* 更新现状与理想间的差距的反思

遇到了新的情况，就将这一情况代入到 2 和 3 的反思中，对现状与理想的差距进行更新。

在了解现状时，我们要尽量规避偏见带来的风险。如果心里只想着看到好的那一部分，我们就很难找出问题。而过分关注问题的话，我们眼里的问题又会比实际情况要严重得多。

### *5* 从过往经历中学习的反思

进行预测，建立假设，并基于这一假设展开行动，最后根据行动的结果进行反思。

在从过往经历中学习的反思中，我们的反思对象不应该只是结果，还应该是结果背后的行动，以及自己的内在因素，然后再去更新自己的预测和假设。

通过回顾过往经历，找出通用的规律，不断积累经验。

反思不应该只是一个人做，要叫上团队的成员们一起,提升学习的质量。

（当自己活跃的舞台发生改变时，为了做好改变的准备，要进行有助于逆学习和自我变革的反思。）

### 6 对正在反思的自己进行元认知的反思

对于 1~5 的行为本身进行反思，检查自己的反思是否存在纰漏或偏见。

·对 1 的检查：现在，你是否有某种非常强烈的执念（观念）？（自己正在被怎样的观念所支配？是不是存在着某种固定型思维？）

·对 2 的检查：自己是否能够直面现实中最为严峻的问题？

·对 3 的检查：自己的愿景是否发生了变化？（当前愿景是否偏离了你的初衷，或者愿景是不是变小了？）

·对 4 的检查：你是否能够客观审视现状与理想之间的差距？（将在过往经历中所了解的事实代入到冰山模型中，不断升级自己看待问题的方式。）

·对 5 的检查：你行动前所做的假设是否明确？是否有从经历中吸取经验教训，并且升级自己的假设？是否能对后续行动进行必要的方向修正？

为了实现理想，请带领你的团队践行以上 6 种反思。这样，你就能更快地完成任务或找出事情进展不顺的原因。

接下来，我将向大家介绍，当团队致力于解决某个问题或进行创造性活动时，应该如何活用反思的力量。

## 将反思活用到以人为本的设计思考中

世界级快消品巨头联合利华为了在印度农村普及、售卖肥皂，设立了"沙克蒂项目"。接下来，我们就以这一项目为例，介绍什么是以人为本的设计思考，以及如何将反思的力量活用到其中。

想要把肥皂卖给没有洗手的习惯和卫生常识的人们，是非常困难的事。因此，项目组和致力于发展卫生健康事业的政府工作人员以及一些当地居民联手，组成了一支实地调查团队。这就是设计思考的第一步——"共鸣"。

在实地调查中，从当地居民的角度理解现实情况，有将事实和自己的解释进行严格拆分，再对事实进行理解的能力是很重要的。如果带着"洗手是理所当然的事"去了解当地人的生活，就无法理解生活在农村地区的人们的真正需求。

### ■ 没有将事实与解释分开的话（将自己的经历代入事实中，并加以解释）

因为当地人没有用肥皂洗手的习惯，所以这种不卫生的习惯导致许多孩子去世。

### ■ 将事实与解释分开的话（在理解事实的时候没有代入自己的经历）

没有洗手的习惯，不知道肥皂的存在，不知道孩子们是死于糟糕的卫生习惯，妈妈因为孩子的去世而悲痛万分，生活不富裕……

针对这些事实（现状），思考对应的解决方法，然后再将这些解决方法结合起来，就是沙克蒂项目组最后提出的解决方案。

如果我们将解决某个社会问题看作是一次商机，那么，我们就不能将产品提供方的观念强加给客户，而是应该理解问题的本质在于"谁的怎样的需求未得到满足"，未得到满足的原因又是什么，并且在这一过程中，不要加入自己的解释，保留自己的判断与评价，将这一问题作为一个事实去进行理解。通过有助于理解事实的反思，理解客户的真正需求，就能孕育出改变社会的创造性提案。

# 将反思活用到系统变革中

建立了全球最大的社会企业家网络的创业支持组织"阿育王"（Ashoka），在说明"系统变革"理论时，使用了"授人以鱼不如授人以渔"的典故作为例子。

要改变某个系统，我们就必须把握冰山的全貌。系统是由多个要素连接而成的，因此，为了理解系统的各个要素，并将必要的要素连接在一起，就需要我们不断重复反思与对话的过程。

隐藏在肉眼可见的问题之下的不可见的"冰山"，大致可以分为下面 3 种。

- **系统与构造：支撑当前发生的事的制度、机制、法律等等（有时也用循环流程图来表示现状的构成要素的因果关系）**
- **时间轴图表：随着时间的推移而变化的要素及其变化图表**
- **人们的观念：社会普遍认知、观念、价值观、理念、文化等**

自非营利组织"所有人学习（Learning For All，简称LFA）"创立起，我就开始参与其建设与运营。该组织始终在尝试对"孩子们所生活的世界"进行系统理解，在系统思考的驱动下，尝试从本质上解决儿童贫困问题。

### 参与到系统中，并将要素和要素连接起来

**• 假设**

需要教育支持的孩子非常多，所以孩子们应该马上就会响应我们的号召，来参加我们的活动。

**• 结果**

没办法联系到孩子们，所以没有孩子来参加活动。

## • 行动

理解孩子们所生活的世界（系统）是由哪些要素构筑起来的，并将这些要素连接起来。

10 年前，我刚开始参与教育援助事业时，最辛苦的就是把孩子们聚在一起。当我知道自己一开始的假设存在错误之后，就立即进行了反思，以帮助自己理解这一系统中的各个要素，并将它们联系起来。为了让自己也能成为这一系统的一部分（要素之一），我也努力加强了和系统中已有要素的联系，包括学校、家长、自治体，以及当地援助孩子们学业的人们。通过不断的对话，现在我已经构建起了一个相对完善的教育援助系统，让整个地区的人一起支持当地孩子们的学业。

## 以时间轴图表去理解孩子们的学力（学习能力）问题

### • 经历

在了解孩子们学力成长的全过程后，我发现，学习能力的差距之所以会在小学四年级左右开始逐渐显现，其原因只是因为孩子们从小学四年级才开始真正学习新东西，而实际上，学习能力的差距在孩子上小学之前就已经开始产生了。随着时间的推移，从小时候就开始产生的学力差距也逐渐扩大，最终导致孩子心中萌生了放弃学习的想法。所以，就算是在帮助初中生提升学习能力时，我们也需要从小学教的知识开始。

### • 愿景

如果可以的话，我想让孩子们从小学一年级就开始接受教育援助。

如果使用时间顺序变化图表去理解孩子们的学力问题，我们就能发现，产生学习能力差的源头时间其实比学力差距显著化的小学四年级还要早。基于这一事实，我就产生了从根本上解决这一问题的全新愿景。

## 理解"事件参与者们的观念（心智模型）"

**• 假设**

这些孩子如果能乖乖坐着学上 15 分钟，就已经很厉害了。

**• 经历**

在 LFA 举行的第一次培训班上，一位社工向担任老师的学生志愿者们介绍学生的时候说："这些孩子如果能乖乖坐着学上 15 分钟，就已经很厉害了。"这位社工的初衷，应该是为了不让志愿者们感到失望，所以给他们打预防针。但实际上，开班第一天前来学习的孩子们，竟然认真学习了足足 3 个小时。

**• 经验**

就算是连除法都不会的初中生，心里其实也有想要提高自己成绩的愿望。

有时候，可能连帮助他们的人都不相信，他们的成绩能有所提高。

**• 愿景**

相信孩子身上的可能性，是 LFA 的使命。

社工和孩子们都是这件事的参与者，通过了解这些参与者们的想法，能够极大地催生我们的创造性张力。

为了催生系统变革，在遇到新的事实时，就应该将事实本身与我们的解释进行区分，像拼拼图一样，将自己所获得的新信息放入上述几个冰山模型中，这样，我们就能够全方面、多维度地去看待问题，并且找出从根本上解决问题的方法。

另外，了解冰山模型中出现的参与者是谁，他们的工作内容是什么，他们有着怎样的观念，也是我们理解冰山模型时必不可少的因素。社会系统是由各种各样的参与者们所支撑的。如果参与者们拼尽全力，还是无法解决问题，我们就有必要对系统的"目的""要素""要素之间的联系"中的任意一项或几项进行调整了。

## 和各个领域的专家们进行合作

如果你的团队中只有一群技术领域的专家，你的团队往往无法充分发挥自己天马行空的创造力。因此，我们可以看到，许多公司开始与人文、艺术领域展开了亲密接触。与距离自己专业方向十分遥远的专业领域进行融合，进而创造价值，这能给我们带来超乎想象的冲击与震撼。

然而，很多时候，这件事并没有我们想的那么简单。因为不同专业领域的人，其所重视的价值观（观念）和平常说话的用词都不一样，所以，双方要相互理解、融合是很困难的。

在创造价值的时候，除了发挥自身的专业性之外，我们还要和专业方向比较遥远的专家进行合作。为此，我们需要活用元认知、反思、对话、逆学习等工具。

我曾经在硅谷参与过一个日美合作项目，在这个项目中，双方的技术研究者将合作进行技术开发。那时，我就曾因为双方无法互相理解而头疼。

项目刚开始，双方的合作就遇到了困难。机械工学专业的日本专家们想先认真研究之前的案例，然后再着手进行开发；而信息与通信工程专业的美国专家们则想从自己现有的创意出发，先把自己的创意转化为实物。所以，日本专家们认为"美国专家很随便，都在做一些没用的工作"，而美国专家则认为日本专家好像一点都没有提出自己创意的意思，认为他们"缺乏创意"。

现在回想起来，美国专家其实是想用敏捷开发的方式推动项目，而日本专家则认为应该遵循瀑布模型，这应该就是双方无法就开发方法达成一致的原因吧。如果在场的研究者们都有反思和对话的习惯，当时就能更快地产出成果。

## 将反思活用到对"概念"的思考中

孕育新的概念的过程，同时也是决定价值标准的过程。一个好的概念，应该蕴含着精彩的故事。如果能够用认知四要素框架去思考概念，就能更容易地描绘出其中所蕴含的故事。

### 设计杯子时，先思考产品概念

**· 观点**

工作的时候，如果身边有一杯热饮料，我的心情就会很好。

**· 经历**

工作的时候，不能经常起身去倒咖啡，所以我一般会使用很大的马克杯。但这也导致杯里的咖啡会变凉。

**· 情感**

（咖啡在身边的话）高兴，（咖啡凉了）遗憾。

**· 价值观**

咖啡，还是热的好。

通过认知四要素框架，我们搞清楚了自己的价值标准，接下来，就能以此为基础去思考产品概念了。

**■ 杯子的产品概念**

"让暖暖的咖啡永远陪在你身边。"

刚才所说的杯子的产品概念，虽然只是一个非常简单的例子，但其实在思考复杂的社会系统的整体概念时，我们也能用上认知四要素框架。

例如，如果你想改变目前的义务教育，就可以试试用认知四要素框架去整理一下你为什么想要改变它，你想要的义务教育是什么样的。这样，你就能列出一长串的价值标准。杯子是一个很简单的事物，我们自己一个人就能思考清楚，但社会系统则完全不同，我们必须和各种各样的系统参与者进行对话。但是，概念再复杂，其开端都是人的认知四要素。

非洲有一句老话，叫做"如果你想走得快，就独自行动。如果你想走得远，就结伴而行"。

小问题一个人能解决，但如果是大问题，我们就必须和各种各样的参与者进行合作。然而，如果没有进行反思的习惯，没有保留自身的判断与评价、从多元化的世界中学习的习惯，就算你和这件事的参与者们取得了联系，问题也无法得到解决。

如果大家能一起实践反思与对话的技巧，就能结伴而行，走得更远，大家不觉得这样很有趣吗？希望这本书能够帮助各位拥有这样的能力。

## 本节要点

○ 践行有助于创造未来的 6 种反思。

○ 不管是用以人为本的设计思考去解决问题，还是要催生系统变革，从问题的根本原因上下手，反思都能发挥重要的作用。

○ 通过反思与对话，将各种各样的专业领域进行融合，孕育出全新的价值。

# 构建"学习型组织"

"学习型组织",是麻省理工学院高级讲师彼得·圣吉提出并在世界各地得到广泛应用的理论。构建"学习型组织"的根本目的在于帮助各类组织实现进化与飞跃。简单来说,学习型组织就是"鼓励所有成员尽情发挥自己的领导力,实现自己梦想的组织"。

不论立场和职位如何,每个成员都能提出自己的创意,并且所有人能够开放地讨论"这个创意有没有用",而不是把关注点放在"提出创意的人是谁"。

通过了解 GE 建设"学习型组织"的实践,我深深地被这一理论的威力折服了,于是开始在日本普及推广"学习型组织"。在刚刚开始转型为学习型组织时,GE 的 CEO 还是杰克·韦尔奇先生。在这一过程中,韦尔奇先生将组织内无形的墙壁彻底拆除,并要求管理层时刻保持学习者的姿态。各团队的领导需要形成向任何人学习的心态,不论对方的立场、年龄如何。另外,管理层成员还要学会借鉴其他部门和公司的好点子,并迅速应用到自己的组织中。

在那之后,我又访问了丹麦。在了解当地教育情况的时候,我从当地大使馆工作人员的口中听到了"丹麦是一个学习型国家"这样一句话。原来,不只是企业,一个国家也能够将学习型组织这一理论加以运用,这让我深受震撼。学习型国家需要拥有一套完备的机制,能让市民、政府、企业、大学共同成为社会建设的驱动力，这种机制被称为"四重螺旋"机制。在欧盟成立时，欧洲各国似乎都已经实现了向学习型国家的转变。

带领 GE 走向变革的杰克·韦尔奇先生是一个凡事都要争第一的人。因此，他才下决心要让 GE 成为一个"学习型组织"。在这样一个纷繁变幻的时代，韦尔奇先生想要的，并不是"让所有'世界第一'都从 GE 诞生"，而是"具备'世界第一'的学习能力，用最巧妙的方式，将其他公司创造出的'世界第一'为我所用，最终让 GE 成为真正的'世界第一'"。

虽然 GE 的员工总数超过 30 万名，但直到今天，GE 还是学习型组织的典范。近年来，GE 迎来了提倡精益创业理论的埃里克·莱斯作为领导者，并吸收了"精益创业"的精髓，将"学以恒，善应变（Learn and Adapt to Win）"纳入了 GE 的行为准则中。

在日本，人们常说"大企业是不会改变的""组织的上层是不会改变的"，但了解 GE 之后，我意识到这些其实都只是我们的固有观念而已。

近年来，将青色组织作为模板，立志建设自律型组织或者扁平化团队的领导者越来越多。学习型组织，可以说是成为自律型组织的必经之路。在（没有上下级关系的）扁平化组织中，每个人都是与组织的使命与愿景紧密联系的，都能发挥自己的创造性张力，和他人协作解决问题、进行判断。而支持这一工作模式的，就是学习型组织的五大要素。

## 学习型组织的五大要素

我写这本书，就是为了告诉那些想要建设学习型组织和自律型组织的人们应该怎么做。

彼得・圣吉曾在他的著作中提到过："要建设学习型组织，必须具备五大要素。"

其实，本书中介绍的反思与对话的实践方法，实际上也是学习型组织五大要素的获取方法。接下来，我将向大家介绍学习型组织理论，是如何对这五大要素进行阐述的，以及本书的内容和这些阐述有着怎样的共通之处。

## 1 心智模型

所谓"心智模型"，是指包括思维模式、范式在内的，每个人所拥有的"对于人、事、物的理解的前提"。我们要多多关注自己的心智模型及其造成的影响，在事情进展不顺的时候，不要总想着从外界找原因，而要探索自身的心智模型是否存在缺陷。

而在本书中，我们所说的"认知四要素框架"其实就是心智模型。通过提升元认知力，我们能更容易地对自己的心智模型有一个认知。元认知力是在实现学习型组织的过程中不可或缺的能力。我们需要客观地看待自身的观念，认识到其背后有着怎样的经历、情感和价值观。

## 2 团队学习与对话

"团队学习"是指通过与团队和组织内外的人进行对话，把握团队中每个人的心智模型和问题的整体样貌，最终统一相关人员思想的过程。在这一过程中，给予团队启发和灵感，帮助团队探索真正的问题与目的的一连串方法被称为"对话"。

团队学习是通过对话实现的。在本书中，我们详细介绍了怎样将对话作为走出自己小世界的方法。我们让成员们活用认知四要素框架进行反思和倾听，进而支持团队开展团队学习。

## 3 系统思考

"系统思考"是指将事物看作是互相联系的多个要素的集合体，并且着眼于要素之间的联系和相互作用的思考方式。系统思考也经常被用在整体优化和复杂问题的解决上，同时，它也是"有生命力的系统"这一理论的基础。

在本书中，我们在说明如何通过反思提升问题解决能力时，介绍了系统思考的工具——冰山模型。复杂的问题之所以难以解决，最大的原因就在于要理解问题本身就是一件非常困难的事。原因和结果之间的关联往往难以辨明，导致问题的各要素之间也互相交错。

冰山模型告诉我们，"任何问题所展现出来的都只是冰山一角，在水面之下，还隐藏着巨大的部分"。为了理解水面下巨大的冰山本体，我们不仅要通过自己的视角看待事物，还要通过其他各种相关人员的视角去理解事物。为此，活用认知四要素框架的反思和对话是很重要的。

## 4 自我超越

"自我超越"是指对于"我想世界变成怎样""我想创造什么"有着清晰的愿景，并且能将愿景与现实之间的差距（创造性张力）转变为创造力，建立内在动机，超越自我的过程。

本书所介绍的创造性张力和自我超越中的创造性张力是一样的。通过"认识你自己的反思"和"构建愿景的反思"，我们就能实现自我超越。在青色组织和合弄制组织等自律型组织中，与组织使命相连接的每个成员的创造性张力是推动组织前进的原动力。

## 5 共同愿景

"共同愿景"是指将成员各自的愿景放在一起，并确定组织愿景的过程。一旦确立了组织的共同愿景，它就会成为我们开展行动、设立目标、学习经验的指南针。

在本书中，我曾说过，要形成共同愿景，前提是每个成员都能实现自我超越。因此，除了"了解你自己的反思"和"构建愿景的反思"之外，还请各位在日常工作中认真实践"愿景宣贯"和"提升对话能力和倾听能力"两部分内容中所提到的方法。

## 转型为"学习型组织"的"为美国而教"

非营利组织"为美国而教（Teach For America，简称 TFA）"，被评为美国大学生毕业后最想就业的去向，这一组织现在正在践行着"学习型组织"理论。

"为美国而教"，是 1990 年由毕业于普林斯顿大学的温迪·科普所创立的团体，简单来说，就是一个将常春藤联盟的优秀毕业生派遣到贫困地区支教 2 年的项目。在开展活动过程中，温迪逐渐意识到并不是所有毕业生都能在支教期间取得优异的成果。同时，她还一直通过反思，观察那些能够帮助学生飞速提高成绩、改变学生人生的老师们。最终她发现，每一个能够交出优秀答卷的老师身上都有一些共同点。她将这些共同点总结概括成优秀教师必备要素，并收录在《教学力即领导力：高效能教师如何带领学生取得优异成绩》中。她认为，优秀的老师，都能做到以下 6 点。

- **设定大的目标**
- **调动学生和家长的积极性**

- **制定计划时有明确的目标**
- **能够高效行动**
- **持续增效**
- **坚持不懈**

为了让老师们都能做到以上 6 点，"为美国而教"运营方制定了评价量规（用于评价学生学习情况的评价标准），并在给支教老师们进行事前培训和事后反馈时，都会贯彻"教学力即领导力"的理念。

在参与"为日本而教"项目的前期启动工作时，我借鉴了"为美国而教"的模式，想要将它打造成学习型组织。当时，我有幸和温迪进行了对话，通过这次对话，我确信：她是打心底里想让所有孩子都能接受良好的教育；"教学力即领导力"这一理念实际上是她创造性张力的体现。参加"为美国而教"的所有学生，都对温迪的愿景表示强烈赞同，因此，每个教师的经验都会转化成整个团队的经验，好的创意会变成整个组织的财富，并且被活用到之后的教师培养中。这一团队学习的优良传统直到今天也还是支撑"为美国而教"发展的重要因素之一。

现在，我已经从"为日本而教"独立出来，以非营利组织 LFA 的名义开展活动，但从"为美国而教"中所学到的学习型组织的精髓，将永远保留在 LFA。推动 LFA 前进的创造性张力，源于对理想的教育支援事业的向往，后来，我们开始问自己"要怎么做，才能让 6 到 18 岁的孩子们都能得到他们所需要的教育援助呢？"于是，我们开始从根本入手，努力解决儿童贫困问题。儿童贫困问题是一个非常复杂的问题，要找出问题的本质，就必须借助冰山模型和系统思考。如果无法和自治体、学校、家长、当地居民等各种立场不同的人进行对话，就无法构建一个所有孩子都能获得应有的教育援助的生态系统。因此，我们要求 LFA 的所有成员都具备成为学习型组织领袖的能力。

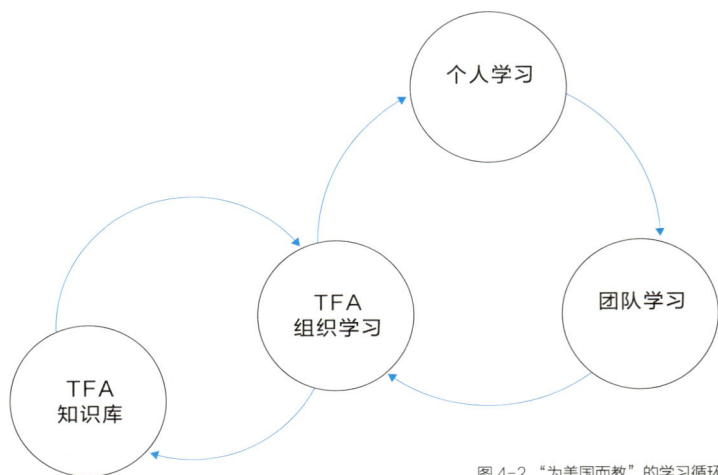

图 4-2 "为美国而教"的学习循环

学习型组织是所有成员都能为实现梦想而持续学习的组织。希望各位读者也能活用本书介绍的各种方法，尝试建立学习型组织。

## 本节要点

○ 为了让组织拥有最强的学习能力，需要借助反思和对话的力量。

○ 为了实现从管理型组织到自律型组织的转型，需要活用本书中介绍的方法。

○ 不仅仅是工作上，在所有需要和各种各样的参与者一起、为了同一目标而努力的活动中，都可以用到本书介绍的方法。

# 写在最后

本书中所介绍的各种方法论其实都是上一节所讲的建立"学习型组织"的方法。从第一次听说"学习型组织"这个概念到现在写这本书，我经历了一段漫长而痛苦的旅程。

## 许多企业选择"不学习"

我和学习型组织的相遇可以追溯到 1997 年。在寻找培养领导力的最佳案例时，我得知 GE 的时任 CEO 杰克·韦尔奇先生正在试着将大企业特有的官僚组织转变为学习型组织。GE 从世界各地选拔了150 名领袖，并将他们聚集到 GE 位于美国克劳顿的领导力开发中心，将他们培养成学习型组织的领袖，最终实现了 40 万人规模的大型组织变革。

幸运的是，后来我遇到了一位参与该项目策划实施的专家，并以此为契机，开始了在日本推广学习型组织的活动。在泡沫经济崩溃后的日本，虽然所有人都相信"大企业是不会改变的"，但我仍然怀着"如果大家知道 40 万人规模的组织也能够被改变，应该会有很多企业想把自己建设成学习型组织吧"这样的梦想与希望，开始普及推广学习型组织。

但是，我的假设和现实存在巨大偏差，虽然我成功地在几个大型企业中进行了相关培训，但遗憾的是，这些大企业的学习型组织建设进度距离 GE 还差得很远。

在 GE，每个员工都在不断地体验新事物，公司鼓励员工在挑战中获得成长，并且通过培训帮助成员们成长。我在日本所推广的企业变革方案，其实是 GE 在推进变革时，每个员工都能熟练使用的工具。虽然当时的 GE 被奉为管理的典范被许多人研究，却始终是无人能出其右的人才辈出的组织。其原因在于，在 GE 无论是管理层还是各个基层岗位的负责人，都在积极地寻求变化，并且践行着帮助员工成长与成功的机制与文化。就算是某一个理论再先进，如果只是通过培训进行理论层面的导入，而不从实践层面来践行，那么，这个理论永远无法从根本上改变组织。

## 一段难忘的经历

我刚开始在日本帮助企业培养学习型组织的领袖时，曾经有一个企业希望我帮忙培养一批"能够实现各事业部之间的协作、创造顾客价值的领袖"。然后，我对这个企业的模范员工进行了采访，他们在采访中提到："我们希望将公司所有的价值都用在解决客户的问题上，不断开拓公司内外的人脉，通过各事业部之间的协作，不断创造顾客价值。"

这家公司居然有如此棒的想法，这让我感到非常惊讶和感动，但真的到了培训的时候，我才发现，事实完全不是这样的。在完成小组作业的时候，做不了（不做）的理由满天飞，诸如"那样的话，我希望公司的评价制度能够进行调整"之类，把做不了（不做）的理由全部归结于公司，却不从自己身上找原因，这样的思维似乎已经成了所有人的共识。当我问他们"那么你们自己想要做什么的时候"，刚才还高谈阔论说自己为什么不行的各位参与者们，却一言不发。这时候，作为讲师，我无法化身为他们组织的一员，亲自去给他们做个榜样，这让我感到很无力。

另外，还有其他的企业希望我帮他们培养一批能够推动企业变革的领袖。而培养对象往往是部门主管之类的中层。董事会成员们认为："我们没法指望部长们会做出改变，所以想要把公司的未来托付给年轻人"，并告诉我，可以"按照我的想法去教育"这些年轻人。董事会成员们把中层的培养托付给我，让我产生了一种使命感，使我变得认真起来，并且努力想把这些中层培养成学习型组织的领袖。

但是，如果我的培养取得了成功，那么，中层员工的苦日子就要开始了。回到一线之后，他们就要面对董事会成员们口中的"放弃变革的部长们"，这些部长就是这些元气满满的中层员工面前的一堵墙。中层员工越是想要为公司和客户着想，推动企业变革，他们吃的苦头就会越多。这样的话，我所做的培训就起到了反作用。这样的状态是无法推进企业变革的。

我曾给某个金融机关进行培训，告诉他们在开拓新业务时应如何思考。在培训的最后被选拔参加培训的年轻员工们在董事会面前进行了成果展示。但是，提出最具创新性提案的队伍却收到了董事会的一致差评，而将已知信息进行了很好的整理、没传达任何自己想法的队伍却得到了最好的评价。当然，我的评价和他们完全相反。

这段培训经历让我深刻认识到了"不思考、不多嘴、没有主见的优秀人才"越来越多的原因。但是，如果保持这样的习惯，再优秀的人才最终都会变成连"我想做什么"都无法回答的人。

## 教育与社会共同前进的"学习型国家"

因为不断在企业培训中遭遇挫折，所以我当时得出了"让大人接受培训，已经太晚了"的结论，并开始将注意力放到青少年教育上，想在这一过程中，继续摸索在日本推广学习型组织的方法。在这时，我有幸参与了日本教育大学院大学的经营。该大学将"创造教育的新时代"作为办学精神，这也带动我开始探索"教育的新时代"。

在研究新时代的教育过程中，"为了让孩子们将来能够幸福地生活，需要对教育进行变革"这一颇为宏伟的行动早已在世界上其他地方展开。在美国，2000 年以苹果为首的新兴企业带头建立了"美国 21世纪技能学习联盟"，旨在帮助教育界在当前教育的基础上，增加对批判性思维与问题解决能力（Critical Thinking and Problem Solving）、沟通能力（Communication）、团队协作能力（Collaboration）、创造与创新能力（Creativity and Innovation）这 4C 的教育。在欧洲，2003年，OECD[6] 提出了义务教育所必须培养的几项核心竞争力，并提出"对于生在 VUCA[7] 时代的孩子们来说，反思是非常核心的能力"。OECD在其发表于 2019 年的《OECD 学习指南针 2030》中，将反思定义为"创造美好未来不可或缺的能力"。

---

6 译者注：OECD（Organization for Economic Co-operation and Development），经济合作与发展组织，是由 38 个国家组成的政府间国际经济组织，旨在共同应对全球化带来的经济、社会和政府治理等方面的挑战，并把握全球化带来的机遇。

7 译者注：VUCA，是 Volatility（易变性）、Uncertainty（不确定性）、Complexity（复杂性）、Ambiguity（模糊性）的缩写。VUCA 起源于 20 世纪 90 年代的美国军方，指的是在冷战结束后出现的多边世界，其特征比以往任何时候都更复杂及不确定。在 2008 年全球金融危机发生后，VUCA 时代的概念再度兴起，用于形容当今时代。

OECD 所提倡的教育改革和能够创造美好未来的学习型组织有很多共通点。我当时想要立刻把这一教育改革模式引进到日本，但从我帮助企业变革的经历中，就不难看出这件事的难度有多大。

因此，为了能和各种各样的参与者一起思考日本教育的未来，我发起了未来教育会议，并开始了相关活动。我和各种相关人员进行对话，包括文部科学省和教育委员会、校长、学校一线的老师、家长、学生、企业的招聘负责人等等，并且参加了国内外超过 130 个教育考察项目，在教育现场进行学习（未来教育会议所制作的《社会的未来图景 2030》《教育的未来图景 2030》《人一生的教育报告》，都可以在未来教育会议的官网上下载）。在访问荷兰、德国和丹麦的时候，我第一次知道欧洲有"学习型国家""四重螺旋"这些概念。在学习型国家中，教育与社会是一起进步的。

## 要改变教育，就要先改变大人

通过未来教育会议的活动，我意识到"大人接受教育已经太晚了"的想法是错误的。在世界上儿童幸福度最高的国家荷兰，从 4 岁开始孩子们就会开始学着进行反思。而荷兰之所以能够实行这样的教育，其原因就在于大人们理解了这种教育的重要性，并且进行了有效的实践。

在意识到"大人不做出改变，教育也无法改变"之后，我在株式会社 LIFULL 的创始人井上高志先生的帮助下，于 2015 年成立了 21 世纪学习研究所。我将改变日本的学习能力作为自己的目标，再一次开始挑战，力图让学习型组织在日本得到普及。而在这一过程中，起到很大作用的是之前从教育界学到的东西。尤其是反思、元认知、对话这三种技能，它们在解决彼此依存的一系列复杂问题时是不可或缺的。

本书中介绍的五种基本方法，能促使你进行必要的学习以填补现实与理想之间的沟壑。掌握这些方法，也能够帮助我们持续提升自己的知识与能力。但在此之前，我们需要先学会使用认知四要素框架去进行反思。

在市民素质普遍较高的荷兰，人们从 4 岁就开始学习认知四要素框架，并掌握使用该框架的能力。为了实现尊重多样性、不同人群和谐共生的社会愿景，孩子们从小就开始练习反思、元认知和对话，形成"对立是民主社会运行的前提"这一基本观念，最终成长为能将观点和人分开看待的大人。

现在，我也在努力将荷兰式的市民教育方案推广给日本的孩子们。孩子们如果能够学会"每个人的心情和观点都是不同的，但即便如此，大家也都还是朋友"，那么他们立刻就会在生活中实践这一理念。我甚至觉得，孩子们会反过来把这一常识教给我们大人。

## 践行学习型组织理论的 LFA 的同事们

这 10 年来，我之所以能坚信学习型组织所蕴含的巨大可能，就是因为 LFA 的同事们的存在。LFA 是为了从根本上解决儿童贫困问题而运行的教育非营利性组织。我在它成立之初就开始参与，并且负责将 LFA 建设成学习型组织。

参加活动的所有成员都有着很强的"想要消除儿童贫困问题"的创造性张力。"孩子的成绩没有提高，绝不是孩子的错"的理念，是支撑所有人进行反思的基石。

在正式进入社会前，青年们吸收了"学习型组织"的精髓，将这个连日本龙头企业也难以消化的理论运用到了贫困问题的解决中，这让我很自豪（事实上，LFA 项目的毕业生不仅活跃在教育和行政领域，在商界也有很不错的表现）。同时，青年们还会发现，虽然自己过去总是以"实际做的话应该会很难吧"为借口，所以这也不想做，那也不想做，但事实上他们已经是能肩负起自身责任和使命的大人了。

孩子们是呼吸着社会的空气长大的。而社会的空气，则源于大人们的 Being（存在方式）和 Doing（言行举止），因此可以说，我们每个大人其实都承担着教育的一环。

在本书最后，衷心期望同我们一起进行元认知、反思、对话、逆学习的伙伴越来越多，最终把我们的国家建设成一个不管是大人还是小孩，都能一起持续学习的"学习型国家"。

2021 年 3 月 熊平美香